口述历史

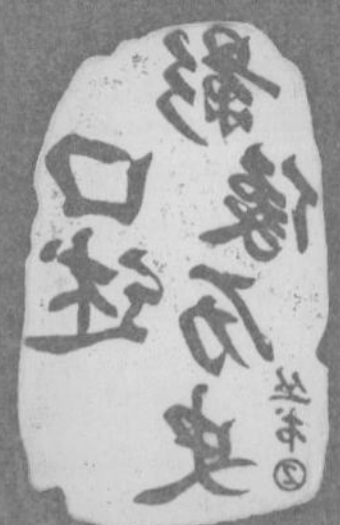

1949-2009

西藏影像往事

跨越时空

中国摄影出版社

影像承载历史 瞬间感动世界

伴随着摄影术的诞生，影像成为人们记录时代承载人生的独特媒介，也书写了人类历史上最为传神的真切篇章。中国地域辽阔，历史风云变幻。新中国摄影的历程从战争年代萌生、发展、成长，是几代摄影人不懈奋斗、追求探索的历史。

时光飞逝，那些历经岁月沧桑的老摄影家们已至暮年，但他们宝贵的经历与丰富的影像还未得到有计划地梳理和留存。更令人痛心的是，一些老摄影家带着那些独特的历史记忆相继离开了我们，给新中国摄影史留下了无法弥补的损失。

忧于思，急于心。中国摄影家协会在2007年召开的第七届全国摄影理论研讨会上，首次将摄影史研究列为研讨对象，挖掘影像史料、保存影像文本、撰写新中国的摄影史成为重中之重。2009年，在中国文联和国家有关部门的鼎力支持下，中国摄协启动了“中国珍藏新闻历史文献数字化集成工程”，着手请各方之人才、取专家之建议、积多年之资料，方成口述之摄影史。

摄影史涉及往事繁杂，非一时所能穷尽；摄影史相关人物众多，非一书所能包容。留存原真原貌的过去，成为这一“工程”的主旨；口述经历、对话人生、录音存影，贯穿这一“工程”的始末。“口述”这一独特中国摄影历史的保存方式之所以为“工程”所选择是因为：它在历史发展的纵向坐标上，探寻时代变化的影像足迹；在历史截面的横向坐标上，汇聚了不同的视点。纵横交错、时空转换中，立体保存新中国影像历史的画卷。《口述影像历史》丛书将成为保存新中国摄影史生动、真实而又丰富的载体。

这是新中国成立60年来，第一次有计划地梳理摄影史的行动；这也是新中国成立60年来，第一次集中抢救影像资料的工程。我们相信：新中国摄影史“不单是文化史的一部分，更是整个国家文化工程和历史文献的重要组成部分”，作为中国最具影响力的国家级摄影家协会，我们有责任也有义务担当起时代赋予的使命。

谨以此系列丛书纪念摄影术发明170周年！

谨以此系列丛书向新中国成立60周年献礼！

谨以此系列丛书向摄影前辈致敬！

中国文联主席团委员、

中国摄影家协会分党组书记、副主席兼秘书长

2009年9月

目录

（本目录按作者年龄排序）

牛畏予

我的西藏：1975

我的西藏：1975 我的西藏：1975

我的西藏：1975

越是困难的地方，越是下雪比较深的地方，作为摄影记者来讲，才越是想去的。

——牛畏予

我的西藏：1975

口述人：牛畏予　　采访人：高初　杨小华　　时间：6月23日下午　　地点：北京魏公村

牛畏予，1927年1月生，河南唐河县人。

1945年春参加革命，在抗日军政大学学习，1947年任晋冀鲁豫军区政治部宣传干事。1948任《华北画报》摄影记者，后随第二野战军南下，在《西南画报》工作。

1951年初转业到新闻摄影局当摄影记者，担任新华社华北分社摄影组组长、北京分社摄影组组长，1955年回到新华社总社任中央新闻摄影记者，1973年调任对外组摄影记者。1978年任香港分社摄影组长，1982年离休。

奔子栏。白芒雪山
1975年

人应该有理想

牛畏予和高帆在重庆合影。1950年

对自己的家庭和参加革命的经历，牛畏予一直讲述得简略，很少提及细节。自1948年到1984年，牛畏予以新闻摄影的方式，以一个女摄影记者的视角，不间断地记录着时代影像——这是中国摄影个人图像志研究的一个范本。

记者：牛老师，给我们谈谈您年轻时候的事？

牛畏予：我的祖籍在河南唐河县牛八门村。那里几十年间中原地区的战争没有间断过。父亲十几岁时就跟着村里人去当兵，就是为了能吃上一口饭活命。父亲是个放牛娃，不识字，但打仗很勇敢；他不怕死，也听话，就这样一步一步当上了团长。军队开到湖北襄樊一带时，父亲娶了亲，我和我的哥哥就出生在那里。

父亲部队调动，我们随军到了四川万县，并在万县安了家。我哥哥牛斗在重庆求精中学和大厦附中读中学，因为组织学生运动，没读多久就被开除。1938年，他加入中国共产党。牛斗把我送到万县私立国本小学读书，国本小学是共产党的地下机关，老师多半是共产党员。后来我的老师被宪兵抓走了，学校也罢了课，我就在这种情形下随家人回到河南读中学。在国本小学，学生都会参加读书小组，读进步书籍，唱抗日歌曲，教工人识字。从这时起，我知道了什么是剥削，知道了不劳而食可耻。人应该有理想，应该创造人人有饭吃、人人有衣穿的新世界。牛斗的一位中学老师给我起了新名字：牛畏予。国本小学对我的革命教育为我离家走向革命道路奠定了基础。

牛斗曾讲到一些家庭往事：“父亲的部队在打徐向前部队时表现很不积极，一枪都没有打，但相邻驻地的一个团被全歼。父亲被怀疑‘通共’，他的兵被接收了，所有军官都被解散。父亲不懂共产主义，他还没有这种觉悟。他猜到我加入了共产党，他也不反对。那时候，有同志来家里住一段时间躲避搜查，我不在家时，母亲就每天送饭，宪兵也不敢进门搜查。其实我母亲心里也是明白的。”

父亲打仗时脸部被子弹穿过，经常发炎，有时需要一点大烟消炎止痛。他的部队没了，家里没有了收入，还有七八个人吃饭和团长身份的应酬，坐吃山空。打仗的时候，父亲曾断断续续在牛八门村购置了一些田地，当我们在万县过不下去了，就举家迁回了牛八门村。牛斗经党组织同意，进了国民党的中央军校读书。我回到老家后在县城读唐河中学和南阳女中。这里没有万县的氛围，我很苦闷。万县的进步同学常和我联系，给我寄进步书籍，鼓励我挣脱封建家庭的枷锁，不要过起了舒适的生活就失去了对“新世界”的追求。我开始考虑去解放区。

1945年，日军在平原地区进行了最后一次大扫荡，打到了家门口，学校也停了课，我从县城回到牛八门村。这时候，我也并不懂很深的东西，只是觉得需要去追求进步，和志同道合的伙伴在一起。这年的夏秋时节，我在嫂嫂王瑜的掩护下离家出走，但很快就被发现了，我没有回家，继续往解放区走。家里很担心，父母让家里的长工春芳找到我，给我带来钱和衣物，帮我找到自南阳去西安的车。在西安，我找到了地下党的同学，我们六个人结伴过临潼，穿过国民党二战区的封锁线，过了风林渡后，找到了太岳军分区，终于穿上了灰军装。那时延安也在撤离，我们就被送到了太行，和我同来的因大学毕业，又有掩护身份，都开始了工作；我的年龄还小，就在军政大学待了一年多，一边学习一边搞土改，在土改的实际工作中，我才算懂了一些阶级观念。

学校有半年的军训，之后，我被分配到晋冀鲁豫军区的宣传部，任白戈是部长。我先是收音员，记录敌台的新闻，后当资料员。那时，高帆在宣传部工作，临汾战役后，经组织批准，我和高帆结了婚。三天后，高帆奉调平津前线，我随部分同志去了石家庄前沿阵地。

平津解放需要女记者

记者：您就在石家庄开始接触摄影，开始当记者了。

牛畏予：在石家庄，石少华鼓励我到画报社来。他说平津解放需要女记者，有些报道活动更方便。于是，我就调到了画报社。那时我对摄影还很不了解，完全是服从组织安排。我用的第一台相机是老式的折叠蔡司120相机，照16张，用航空胶卷。老师给了我两个胶卷，让我去集市拍照。结果我就拍了卖菜的，卖肉的，街上的农民，妇女。回去后老师就给我讲构图，讲人应该怎样拍，物体的主次应该怎样区分，近景和远景等等，一共拍了30多张。就这样，开始学习并掌握相机的使用和拍摄方法。

很快就进北平城了，还成立了《华北画报》社，我开始在《华北画报》当摄影记者。我拍摄了第一个三八妇女节，周总理在南下工作团的讲话等题材。我发表的第一张照片是华北局领导薄一波到车站迎接邓颖超和蔡畅。

1951年春，《解放军画报》筹建，高帆调到北京，我也转业到新闻总署新闻摄影局。

1952年，组织上让我担任华北总分社摄影组长，直到1955年，华北总分社改为新华社北京分社，我是组长；后来，我调回总社。

1975年的时候，对外发稿需要关于少数民族的稿子，我就提出来我可以去西藏拍。从西藏回来后，我因为低山反应歇了一年，这期间还去天安门拍了"四五运动"，后来回到摄影部上班。1978年调我去香港分社，我从香港回来没多久就退休了。但是在上个世纪80年代我忍不住又拍了几年，比如重走长征路。

国家资源太丰富了，美得不得了

记者：您真不容易，一个女同志，拉家带口的还要求去西藏？

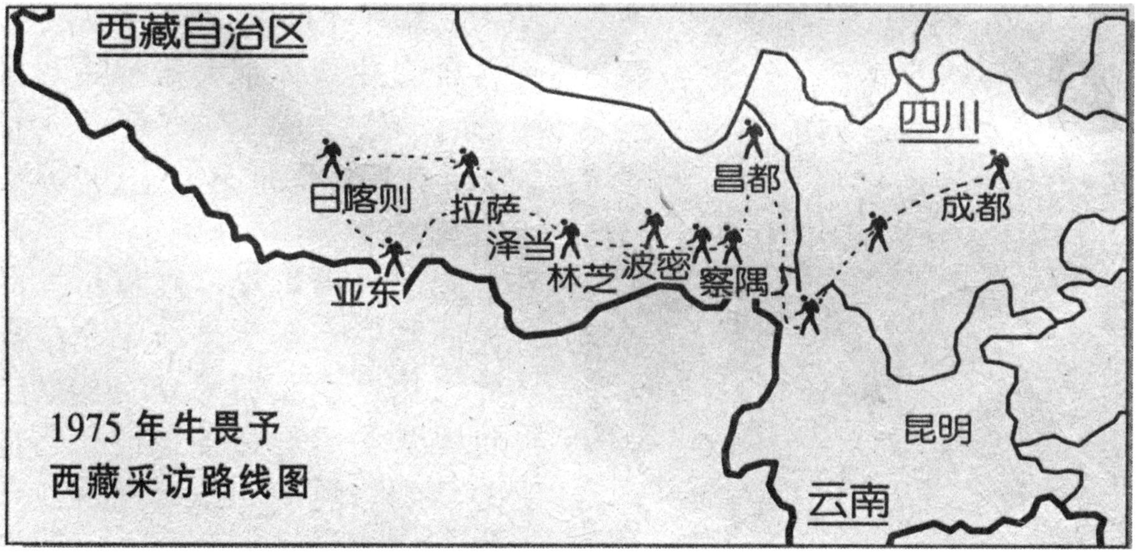

道班工人鲁茸。滇藏公路
1975年

牛畏予：去西藏采访还需要家里写一个保证书，因为到西藏的同志牺牲的很多，车祸、塌方、高原反应等。这样我就写了一个材料，让高帆签了字。那时候去西藏很艰苦，除了公路是搓板路外，还有缺氧问题，人整天都昏昏沉沉的，很难受。我们翻了大雪山，从雅安到二郎山，也是缺氧，很危险。从康定到泸定桥，再到雅江这一段路，从理塘到乡城，要翻折多山，缺氧的感觉很明显。走的这一段路，比如拍摄测绘队的这组照片要经过森林，那个时候感觉国家资源太丰富了，美得不得了；还有下雪，都是美得不得了。

记者：几月份去的呢？

牛畏予：四月份，坐汽车去的，一路走一路拍，大概花了一两个月时间进藏。沿途的山很美，远处都是雪山。一遇到这样的地方我们就停下来拍照。小车沿途走的好处就是沿路拍照，你要坐飞机不是一下子就到拉萨了吗。

记者：沿途有没有什么高原反应呢？还背着相机。

牛畏予：那当然有了，还背着3个相机。

记者：怎么缓解高原反应呢？

牛畏予：那就忍受和休息呗。休息缓过来再继续走啊。

记者：那药品什么的，有没有什么准备？

牛畏予：我就带了点西洋参和鹿茸，到时候嚼一点就行了。

记者：一行几个人？

道班工人合影。1975年

牛畏予：3个记者加上司机，4个人一台车，有刘铁生、杨明辉，都是《解放军画报》社的（当时刘铁生还在西藏军区）。因为部队比较方便嘛，用的是军车，沿途都是兵站，你是部队就能接待你，要是地方就要麻烦一点，那时候我也是穿军装的。

在沿途的高原上，如遇到大雪就不能走了，要在道班或兵站歇下来，所以走了两个月，边走边拍边停留。他们驻扎在这里，而我们住在不远的道班，道班每隔一段路就有一个。

记者：道班的生活也很艰苦吧？

牛畏予：当然艰苦啊，你看，这就是道班的拖拉机手，专门开路推雪的。

这些都是道班的工人，比如137道班，就是白芒雪山山顶的道班。在这里封了路过后就走不了。

这是西南，非常辽阔，森林非常多，资源相当丰富。作为摄影记者来讲，看到这些当然非常激动，想留下来多拍一点。

记者：这个道班的工作人员全部是藏人？

牛畏予：有汉人，还有纳西族。

记者：都是当地人？我看到有一些穿着军装？

牛畏予：道班是地方单位，但穿军衣是普遍现象。道班工人主要还是藏人。最高点的137道班在白芒雪山顶上，海拔5600米；站在白芒雪山顶上对面就是梅里雪山，也被称作香格里拉。道班铲雪，之后用拖拉机开路。

记者：您去拍他们，他们愿意让您拍吗？

牛畏予：当然愿意了。我就住在道班，夜里睡不成觉，起来好几次，喘得厉害，吸不上气。

记者：不会对他们干活构成什么干扰吧，很自然的一种拍摄状态？

牛畏予：他们干他们的，我拍我的。他们知道我是干什么的。他们要我拍张合影，我就拍张合影。

你看，这是拖拉机，这是他们住的房子。当时我们是走上去的，雪很深，我们在那里住了10天。每天出来踩着雪拍一点风光什么的。当地很多工作人员也被雪困住了，都走不了，就在这里玩呗（打乒乓球）。

当时在西藏总共拍了100多个胶卷吧，那时候，新华社的条件比较好，相机也比较好。

溜索过江。澜沧江　1975年

记者：带的什么器材？

牛畏予：带了3个相机：林哈夫，禄莱，徕卡，那时候来讲是很好的配置了，新华社的器材设备是最好的。

记者：那后来相机交回去了？

牛畏予：退下来当然交回去了，都还给公家了。

记者：作为唯一的女同志，您有什么不方便吗？

牛畏予：当然，比如上厕所，我那时候毕竟是四十多岁的人了，也不太害羞了。（笑）我稍微一行动他们都知道干什么，大家都很自觉地协助了。但是作为女同志心理上还是有点顾虑，生活上不太方便，这些困难都要自己解决。人家会自觉协助，自己也注意一些。

吃苦是为了奇景

记者：您那个时候带了一套林哈夫，很重很繁琐，为什么用它来拍？

牛畏予：有的场面就需要用林哈夫，不仅是广角。比如风光，你要求底片颗粒更细，放大效果更好，你当然需要底片大一点，清晰度好一点，对不对？

傈僳村五月雪桃花开。1975年

记者：您去西藏，不是为了拍风光的，您是为了任务，为了宣传西藏的变化，为什么还要吃这些苦？小底片发稿也够用了啊！

牛畏予：风光我也很有兴趣啊，但那个时候不能讲你是为了拍风光去的，对不对？遇到好的风光谁舍得丢下？沿途吃那么多苦，就是为了看到一些奇景，对吧，比如说走到滇藏交界的傈僳村。

那个时候，桃花开到很茂盛的时候还大雪纷飞，你们看，这样的景象你在城市里是看不见的。对于摄影记者来说，越危险越困难的地方更愿意去看看。

记者：您能介绍一下1975年的西藏吗？

牛畏予：西藏和平解放后，经过民主改革，那个时候西藏的社会矛盾也很大，达赖叛逃后，还有一股反动势力留在西藏。

记者：那您害不害怕当地很乱的这个局势？

牛畏予：提高警惕，你说有谁能担保，对不对？所以那个时候也考虑不了这么多了，每到一个地方都依靠当地的干部，当地的组织。那个时候，部队在每个地方都有。比如走在路上，有道班可以联系，走一段路就会有兵站，你也可以和解放军联系。

僜人合影。 察隅 1975年

分了农田，生活就不一样了，还盖起了小木楼

记者：有没有拍一些当地的百姓？

牛畏予：之前这些照片是沿途拍的，进了察隅后就拍人了，解放的农奴啊。比如进了察隅人村，他们很有特点，身上挎的是砍刀；从前都住在森林里边，像"野人"一样离不了砍刀的。他们居住的地方没有路，身上随时带着砍刀，一是和野兽搏斗，另外是要开路。民主改革后他们回到平原来了，分了农田，生活就不一样了，还盖起了小木楼。

这是1975年新华社发稿时的稿件原文，这个当时语境的文本现在看起来是很有意思的："居住在西藏察隅县的僜人，从原始生活进入社会主义新时代。在封建农奴制度统治下的西藏，反动的统治阶级咒骂僜人是"野人"，不准他们下山开荒生产，行走大路。僜人世世代代被迫躲在深山密林里，过着与野兽为邻的穴居生活。1959年，在毛主席和党中央的英明领导下，西藏百万农奴奋起粉碎了达赖叛国集团的武装叛乱，燃起了民主改革的熊熊烈火，彻底摧毁了封建农奴制度，僜人才翻身得解放。从此，他们自建村寨和家园，有了住房和农具。近几年，僜人以党的基本路线为纲，走自力更生、艰苦奋斗的路，开展农业学大寨的群众运动。僜人村寨建起了小型发电站、播音室和军民团结渠，修起了层层梯田和茶园。粮食年年自给有余，社员收入一年比一年增多。僜人深有体会地说：跟着毛主席，跟着共产党就是幸福，就是胜利，就有美好的前程。"

	1
3	2
4	

1.察隅巴安通区供销点。察隅 1975年

2.僜人姑娘飘色在部队当卫生员。察隅 1975年

3.呷绕生产队用溜索把高山绿肥送到田间。察隅 1975年

4.从杭州请来的植茶师傅向僜人社员传授植茶经验。察隅 1975年

这样的笑容总能让人感受到西藏当时的情景

记者：西藏之行的路线都怎么走的？

牛畏予：1975年到西藏拍摄的行程和图片的专题都还是很明晰的：从成都进云南，走滇藏路经昌都到察隅，从察隅开始跟随骡马队到日东，这在地图上能看到，是骑着马过去的。这一路拍的照片很多也很好。实际上，日东是边界的一个通商口岸，这条路线是一条古老的茶马古

加查县先锋公社书记央宗（右三）。1975年

道。这一路都是翻过一座山岭，到一处平原，再翻一座山岭这样走。

回到了察隅后，这辆小车就顺着波密、林芝、米林、朗县、加查、乃东、隆子、浪卡子、江孜、亚东、岗巴、白朗，日喀则、最后到拉萨。这一路主要是拍公社的劳动场景，社员的肖像，翻身农奴的新生活，也报道了一些典型的先进人物，比如说次仁拉姆、仁增旺杰、央宗、兰珍等。在岗巴东南的查果拉哨所拍了一组边防连队的专题。回到拉萨刚好赶上参加西藏自治区成立10周年庆祝集会。在拍完这组新闻后，就从拉萨飞回北京了——这是在1975年9月。这趟西藏之行从3月到9月，历时半年，我们尝试从图片中看到1975年西藏的时代特点。1975年的西藏，翻了身的农奴那明朗的笑容是很能打动人的。

记者：从这些照片来讲，1975年的西藏到底是什么景象？

牛畏予：他们从农奴变成了主人，他们对外地去的人，特别他们认为是国家派去的人，亲得不得了。你比如说仁增旺杰，是隆子列麦公社的书记，他对党的感情就很深，这是他组织大家学习。这一个是兰珍，是白朗县的女县长，他们不脱离群众，他们从前也是奴隶，他们掌了权能团结住他们的社员，他们有的人是当时的中央候补委员，但是每天下地，干的比社员还要多。她（央宗）在加查县，她（兰珍）在白朗县，他（仁增旺杰）在隆子县，我们经过每个县的时候，这些县长，书记，都是代表性的人物，他们都带领群众啊。

记者：他们现在做什么呢？我听说他们有的人一辈子都是当县里乡里的书记，带着藏民生产，有些援藏干部会讲到他们的故事。比如仁增旺杰，当过县委书记，七十多岁了还带头下地干活。

牛畏予：央宗当时也是领头人，带领群众生产。

记者：（看这些图片）西藏的景象，当时是这样的。这样的笑容最能让人感觉到西藏当时的情景，能读到一个时代。是不是还有一些照片没有提到，比如昌都？

牛畏予：昌都那个地方缺氧，马察拉煤矿是在澜沧江的上游，是一个高原煤矿，也体现着西藏的变化。

记者：再谈谈下查果拉哨所？

牛畏予：哨所很艰苦，战士们的脸都是黑的。

记者：我听刘铁生老师提到过，战士每天在山顶上巡逻；连部离战士站岗巡逻的山顶还有几百米距离。在连部里战士们养了只猫，猫一步都不肯往上走，战士们的脸都晒得黑紫黑紫的。您在那里住下了吗？吃过饭？

牛畏予：吃过一顿饭，罐头，还有馒头。馒头是蒸不熟的，这里的条件确实是很艰苦。

记者：我看到照片上有的公社种小麦，他们有吃小麦的习惯吗？

牛畏予：绝大多数种青稞，也有种小麦的。内地传过去后他们也想种一点。

记者：骡马队从察隅到日东这一段。

牛畏予：我们一行三人跟随骡马队到日东，这一路都是骑马而行。翻过日秀拉雪山，也经过杜鹃纵错分明的平原湖畔，最后到边界的通商口岸日东。这一支骡马队要负责边境兵站的物资保障。

记者：最后回到了拉萨？

牛畏予：9月份到拉萨后。我们就回到了北京，高帆去接我。他说我一下飞机就是个傻子，黑黑的。下飞机后我就开始头晕，断断续续病了一年，同事们来家里还看见我呕吐。那一年我经常在体委的一个低山反应研究所治疗。

僜人卫生员战士布宗林常为乡亲送医送药。察隅　1975年

次仁拉姆。乃东县　1975年

马察拉煤矿。昌都　1975年

骡马队翻越日秀
拉雪山。
察隅　1975年

骡马队从察隅到日东。 1975年

扎果拉哨所。岗巴　1975年

找水源。乃东县 1975年

勘探队的队员，要背着器材，到指定的地点去测绘。这是队员在做早操。
横断山脉 1975年

附录：牛畏予之子高腾重返察隅·我的察隅之行

2009年4月，牛畏予的儿子高腾重返察隅，带去冲洗好的35年前牛畏予拍摄的僜人照片，一式两份。其中一份留给僜人，另一份签好名字带了回来。在当时拍下来的僜人的图片中仅有两位在世，其余的都已经故去了。

高腾：我去下察隅的时候，那时候已经不紧张了，说你没有通行证也能过去，我就听了他们的话上车了。从察隅县城到下察隅大约40公里，但全是在森林里面，植被非常好，雨水也很充沛，很湿润。在废石子路和山边的路里穿行。

我和司机师傅都当过兵，我们有共同语言。到了部队的卡子，他说你下来，要登记。我拿着身份证去登记，但是人家除了身份证，还要边民证。

记者：您没有？

高腾：我没有，我就掏我的口袋，我在北京西城分局办过一个通行证，这时候证也没了。

记者：丢了。

高腾：我带的北京办的通行证都找不着了，到了那卡子找不着了，我当时有点发毛。司机说了，这是老同志，当过兵，打过仗，他这没证，也应该让他过去。当时我把这照片掏出来了，我说我是《光明日报》的，到这来采访，就是拍僜人。我在北京开的证，到你这来，找不着了。他说那你过去吧，我说大概也就呆两天吧。

记者：有记者证？

高腾：有记者证，有名片，其他证都没有了。按理说到察隅应该办一个证，因为察隅是中印边界，那块的人都有边民证。到了下察隅，我就让司机师傅给我找一个向导，他说我给你找个小伙子，摩托车过来了，我问去僜人村来回多少钱，他说30块钱，我说好，带着我。

记者：远吗？

高腾：不算远，大概有五六里路。但是一直上山，路上还有一些水流，桥在修，路是断的，有时必须下车，特别悬地踩着一块一块的石头，水很猛，石头踩翻的话，人就进到水里去了。我一跳一跳地过完了，他摩托车好开，过去了，在那边等着我呢。

我们来到了沙情村，是僜人的一个村庄，据说这里的头人娶了7个妻子，后来妻子全都跑掉了。头人对我好像也缺乏热情。头人嘛，见的人多。

记者：见多了？

高腾：来采访他，他并不高兴。他身边有一个小姑娘，那是他的女儿。恐怕也属于他的隐私，平常小姑娘是在外头上学的。

记者：比较防范？

高腾：对，他找了个借口就出去了。那个小姑娘说，他出去了，意思就是我也该走了，那我也就知趣点，我也就走了。我出来后想我该怎么办呢？这时候见到了一个小伙子。

小伙子牵着马，手里拿着犁，可能刚耕完地。我拿照片给他看，我说你看看这些照片上的人你认识吗？他说认识。我说这些人是这个村庄的吗？他说不是，在新村不在这儿，我说你能带我去吗？他说可以。

我说到新村多少钱，他说30块钱。我们一起来到他的家里。

记者：**现在也都要钱，动一动就要钱。**

高腾：现在是没什么可说的，摩托车还要油，人家还带你去挺老远的。新村很远，我坐上他的摩托车走很长很长的路，中间过一个藏族的村子。到了新村，小伙子很热情，给我一个一个找。就说这是谁，这是谁的。有些就把照片认领走了，当初我拿照片每幅照片都是两张，一张让他们签名拿回来，一张送给他们。见到的都是他们的后代，本人没见到一个。

记者：**本人一个都没见着？**

高腾：照片里面人多着呢。只有两个人还健在，剩下的全都不在了。35年跨度就这么大。

记者：**按理说那个照片，他们当时都还很年轻的？**

高腾：但是不在了，其中还有一个服毒自杀了。按理说，1975年"文化大革命"都应该过去了，不知道因为什么事情服毒自杀了。

记者：**那这里面没哪个是活着的？**

高腾：这个女的还在，这个女的当时年龄很小。

记者：**就这个，是吗，还有哪个活着啊？**

高腾：就他还在，我说他还在。就这个人和那个女的在。剩下都不在了。

记者：**35年的跨度。**

高腾：只剩下了两个人。

记者：**就这两个还在。**

高腾：我拍了一些照片都是他们的后代，到他们的房子里去了。小伙子开着摩托车，这么窄的路就过去了，你要是个卧车都过不去，但是摩托车什么地方都能过。他很热情，都到他们家去了，看到这些照片什么人还在啊？完了说，这个在我们那边的孩子家里，就是病得挺重过不来，还要我们把他接回来。始终我也没见到照片里的人，见到的都是他们的后代。但是新村不错，建设得不错，全是像那种木房子，我去过人家家里，里面陈设非常干净。

记者：**很漂亮，都是木头房子？**

高腾：很漂亮，地板，而且还有长廊，长廊的木头台子上，全是兰草，兰花。那个地方雨水非常充足，种水稻，大面积的水稻，你一看整个坡上全是水稻田。察隅人就是吃大米。森林植被也好，雨水太多了，那个地方老下雨。他们的屋子边上，稍微宽一点的路边上泉水骨碌骨碌的，水总是在流着，水的边上呢，只要有土的地方就有鲜花，就有绿草，有点像神话般的感觉。

记者：**您这一说我就都想去了。**

高腾：他们主要的粮食作物是水稻，其他的包括青稞什么的都是次要的。对下察隅来讲，植被非常茂盛，雨水非常充沛，生态就显得很好，人们的生活也比以前好得多。

记者：**采访他们那些后代们，有没有出去打工啊，或者是工作的？**

高腾：没有，人们很少外出打工。

记者：**都在自己的村子里？**

高腾：很少出去，就在当地。

记者：**就是这几十年。**

高腾：几乎没有什么出去打工的，我问过。

记者：藏人出去打工的多吗？

高腾：藏人出去的有，但是少，和内地这些省份相比还是少。打工的人少。

记者：那比较纯粹。

高腾：就是僜人，很特殊的一个民族，他们都说嘛，叫做56+1。56个少数民族+1，那1就是指僜人。

陈宗烈

雪域风云 雪域风云

雪域风云

雪域风云

离开西藏已经20年了，但只要一静下心来，高原上的那些沧桑岁月就会重现在我的眼前，让我激动不已。

——陈宗烈

雪域风云

口述人：陈宗烈　采访人：徐静　时间：2009年6月18日　地点：北京朝阳区团结湖

陈宗烈，1932年3月生于江苏常州，高级记者。1951年在北京参加工作，先后入北京电影制片厂、中央新闻纪录电影制片厂做摄影助理。1954年9月入北京电影学院学习。1956年毕业后调至《西藏日报》社做摄影记者。1960年加入中国摄影学会，1980年底，离藏回京。1981年初，调至外文局北京周报社，先后任摄影记者、组长和社编委。1993年获国务院颁发的政府特殊津贴。1975年出版《西藏自治区画集》。1980年举办个人摄影作品展《高原颂》。2006年9月，在北京举办《从农奴制到社会主义》个人摄影展。2009年3月，100幅以收藏级工艺手工制作的银盐照片入藏中国国家博物馆。

西藏翻身农奴的好榜样。乃东
县结巴乡“朗生互助组”。
1963年

“滚进”西藏

记者：听说您在西藏一呆就是20多年，是什么机缘让您去的西藏？

陈宗烈：小时候我在老家江苏丹阳过着饥不择食的生活，家庭的重担让我必须扛起兄长的责任。于是我闯荡北京，投奔小姑妈——著名画家张仃的妻子。小姑妈很疼爱我，帮我在“新影”（中央新闻纪录电影制片厂）谋得一份差事，做摄影助理。进厂后我很努力地工作，所以1954年经组织推荐进入电影学校（今北京电影学院）进修。1956年毕业，时值西藏正为民主改革作准备，急需增加部分机构，要从内地调一批干部职工进藏。当时调用的条件是年轻、懂摄影、家里没有拖累，这3个条件我都符合，最重要的是，小姑妈也非常支持我去西藏。所以我就应召了。那一年我24岁，没想到一去就是25个春秋。

当时去西藏有三种途径：走进去、滚进去、飞进去。我们是坐汽车滚进去的。

在西藏驻京办事处办妥手续，备好行装，买了车票，我先登上了西行的火车。到青海西宁转乘汽车，沿着青藏公路前往拉萨。与二十多位援藏同志一起搭上了一辆美国军用“道奇”战车——拉炮的十轮大卡车。这辆车是解放战争中的战利品，车厢结构为木条加铁板，顶篷也是原装的美国帆布。没有座位，二十多人都坐在各自的自行车上。公路大部分是“搓板路”，车上没有扶手，人和行李如同筛子里摇晃着的豆粒，被颠簸得肠子都快断了。司机驾车很猛，车轮到处，滚滚黄尘呛得人没法呼吸，只好抓起洗脸毛巾捂住嘴鼻。开头两天很难受，经反复折腾，也就适应了。

青藏高原的地貌十分复杂，山高沟深，比“蜀道”有过之而无不及，旧时交通运输全靠人背畜驮。1951年，进藏部队指战员和藏族民工数万人，在平均海拔4000米以上的高原地区，从东向西、由北向南，摆开了4000余公里的筑路战线。他们顶风冒雪，栉风沐雨，边勘测，边施工，克服了物资匮乏、高山缺氧等重重困难，在没有任何现代化筑路机械的条件下，凭着双手和钢钎、镐头等简易工具，仅仅3年功夫，便修通了川藏线和青藏线两条公路，创建了人类公路工程建筑史上的奇迹。就是在他们筑就的青藏线上，我们一路风尘，颠簸了21天，终于到达拉萨。

初到西藏时的工作照。1956年秋

抢过语言关

记者：刚到西藏，您是怎么适应的？

陈宗烈：上世纪50年代中期，由于建设西藏的需要，许许多多的援藏人员来到拉萨，满大街充斥着南腔北调的口音。来自五湖四海的人，在“长期建藏，边疆为家”口号的激励下，以高原为家，过着与内地差别极大的生活。

报社所在的大院叫“桑多仓”注，员工有300多人，新进藏的居多。从中央新闻电影制片厂调来的3人，到《西藏日报》注社后，均从事摄影记者工作。摄影与美术是一个组，成员8人（其中藏族2人），梁俊杰资历最高，担任组长。报社的设备不怎么样，照相机不够用，牌子又杂又旧，两人合用一架，老梁和我用的是台美国“新闻镜箱”，足有一公斤重。装散页片（7.5cmx10cm）的，暗盒装两张软片，拍完一张，卸下另翻一面再拍，十分麻烦。后来，报社得到财政拨款，进口了一批摄影器材。我领到两套德制相机，一台禄莱福莱，一台徕卡。

记者：当时主要遇到的难题是什么？

注“桑多仓”：从前是西藏贵族富商桑多仓的私宅。和平解放后，工委（中共西藏工作委员会）用高价买下这座大院，作为中央人民政府驻西藏全权代表张经武的住地，同时也是西藏工委机关办公之所。后来，工委搬迁，才将此院拨给报社和新华社西藏分社。

注《西藏日报》：创刊于1956年5月，有藏、汉两种文版。办报与内地省报不同。一是在名称上，不叫中国共产党机关报，而标为“西藏自治区筹备委员会机关报”。二是报社领导方面组成人员也属多元化，有中共党员干部，他们是西藏工委任命的；也有西藏上层人士，三位副总编辑中的噶雪·顿珠才让先生是由“噶厦”（西藏地方政府）派来的四品俗官，德瓦夏·顿珠多杰是“堪厅”（班禅堪布会议厅）派来的“四品”僧官（两年后，改由札门·赤列旺杰接替），他们都是大贵族。第三位是一位活佛，叫擦珠·阿旺洛桑，是西藏著名的学者和诗人，由报社专聘，属社会贤达。此外，主持藏文版编务的还有几位西藏著名学者，如江乐金·索南杰布先生、格西·由吉扎巴（蒙古族）先生等。

陈宗烈：初到西藏，语言不通是个问题。那时候上到首长下到普通工作人员，要求人人必须过〝藏语关〞！

那时报社继承部队传统，过着半军事化的生活。每日清晨，哨音一响就起床。早操、洗漱完毕，开始学习藏文，上40分钟课，才能进食堂吃早餐。作为记者，语言的重要性自不必说。我们的藏语老师杨化群，是报社的藏文翻译，自编了一套速成教材，为我们传授生活和工作用语。我的另一位藏语老师是噶雪·顿珠。他是报社的副总编，也是个大贵族。我一方面向这位地道的西藏人学习藏文，另一方面也想利用他的特殊身份，得到更多的外出采访机会。因为以前我上中学的时候学过英语，尽管只是初中程度，但我们学的是开明课本，林语堂编的，深入浅出，比较实用。我就用简单的藏语跟噶雪·顿珠对话，同时夹杂着英语。他一看我会一点英语很高兴，可能因为周围没有这样的年轻人，同时他也想了解汉族，我又是搞摄影的，就跟我说，以后我们要经常合作，我写文字，写消息，你拍照片，咱们一起走，我带着你。所以凡有能在报纸上报道的活动，他都把我带去，有些场合，一般人去不了的地方，他也把我带上。

我天生似乎和西藏有缘

记者：除了语言外，其他方面您是怎么适应的？

陈宗烈：初到西藏的人，一般都不太适应当地的饮食习惯，但我天生似乎就和西藏有缘，那里的饭食对于我来说，真是太香了。

记得有天中午，我外出采访归来，但已过了开饭时间。同事阿旺见此，便邀我到他家〝抓糌粑〞。阿旺体谅我是汉族人，又是初来乍到，专门为我买来一些新磨的糌粑给我吃。糌粑是用青稞和豌豆洗净、晒干、炒熟、磨成的食品，和内地的炒面差不多，但制作方法不同。阿旺先将我引到厨房，从大铜锅里舀了一勺水，叫我把手洗净，递给我一木碗糌粑，还加了一小块酥油和一些奶渣，再倒入酥油茶水，并教我用手指慢慢搅拌。新鲜的糌粑吃起来十分清香，我吃得很开心。还有一种食品，就是酥油茶，也是我最爱的饮品。那是缘于我的同事洛桑成烈，他的妻子格宗，特别擅长打制美味的酥油茶。有一天，我应邀去他家喝酥油茶。我一边逗着他的胖儿子玩，一边看着格宗怎么打酥油茶。那是我头一回品尝此茶，美味醇香，给我留下了深刻的印象。从此酥油茶让我喝上瘾了。

四品官噶雪·顿珠。拉萨 1956年

记者：初到西藏有什么印象吗？

陈宗烈：我们在《西藏日报》社住的集体宿舍是用仓库改造的，非常潮湿，没有板凳，用牛皮拉起来就算是床板了。一个屋子住了十三四个人。刚住下，领导就找我们谈话，告诉我们不准随便上街，如果要上街必须是3个人以上同行。到拉萨几天后，我们请了假上街。我发现八廓街上的外商很多，有来自印度、尼泊尔、日本和英国的商人，店铺里都放着自己的民族音乐，商品也很齐全：夹心饼干、水果罐头、服装、皮靴应有尽有，手风琴、留声机都是进口的，难怪拉萨当时被称做〝小香港〞。

记者：还记得您第一次采访的情况吗？

陈宗烈：我一开始的工作主要是发一些消息，我的第一篇消息是采访阿沛·阿旺晋美。

没过多久，中央就决定，西藏的改革条件还不成熟，6年之内不搞改革。精简机构成为当务之急，援藏干部通通回内地。跟我一起进藏的两位同志都回去了，但我留了下来。1956年底，我被派到那曲驻站，还给我配了相机。在西藏的市场上可以买到黑白甚至彩色的胶卷，这让我很惊讶。

那曲海拔4700多米，10月就进入寒冬，夜间气温常在摄氏零下10度左右。刚到的那天晚上，我没有经验，忘了生炉子取暖，结果晚上越睡越冷，再加盖被子也是冷。

第二天起床，我被眼前的情景惊呆了，被子变得硬梆梆的，特别是紧挨着口鼻的被头，一摸，冰茬！原来我在晚上呼出的水汽都没有“浪费”，发生了“物理反应”。

同一年，我到班戈县采访挖硼砂的地质队。这里的水很苦涩，不宜饮用，必须等车辆送水来，并且每人限量供应。没有住处，就搭帐篷，但那里的风不打招呼，说刮就刮，而且一刮就是12级。大家只好挖大坑，在坑里支帐篷。放眼望去，地面上一片帐篷顶。尽管如此，我深夜还是被冻醒了。有一夜醒来，发现自己正在露天睡，原来帐篷被风“掠”走了。

大门内外的两个不同世界

记者：经历了解放之前的西藏，也经历了解放后的新西藏，您有什么感受？

陈宗烈：刚到西藏时，领导就跟我们讲，咱们面对的是：大门内外两个世界，门内是社会主义，门外是封建农奴制社会。

当然我参加工作好多年了，“阶级斗争”、“阶级划分”，还是深深地扎根在我脑子里的。但是贵族阶级将来肯定是要被废除的，农奴将来肯定要解放，然而现在我们还不得不依靠

原四大噶伦
（左起：阿沛·阿旺晋美，先喀·居美多吉、柳霞·土登塔巴、桑颇·才旺仁增在罗布林卡的噶夏公署办理公务。）拉萨 1957年

贵族，获取西藏的和平解放，把消极因素降到最低。所谓贵族，他们什么都不干，却能获得优越的生活，比如噶雪·顿珠。

记者：就是教您说西藏话的那位吗？

陈宗烈：没错。每个月工资我们要付给他300大洋。另外，还有一些大领主，一个月都是拿800银元，当时一木箱的银元有1000枚，他们来领工资都要叫佣人跟着，扛钱。当然，他们中的一些人为和平解放也做了许多有意义的事情。

1960年，年轻时的陈宗烈在喜马拉雅山北麓采访。

目击叛乱

记者：您那会儿也接触达赖喇嘛了吧？

陈宗烈：有，他在社会上有时也有公开活动，我们认为是可以宣传的，都做过报道。曾经单独到他家里采访过他。主要是想听听他对《西藏日报》办报方针的意见。

当时他说报纸办得好，宣传我们社会主义，宣传我们党的政策，从创刊以来，他每天都要读报，报纸很受西藏人民欢迎。他没什么意见。所以我们当时对他寄予很高的希望，希望他能够把西藏搞好。

记者：您目击了叛乱，请您回忆下当时情景？

陈宗烈：达赖要求去军区看文工团表演的前后过程，我是目击者之一。1959年2月藏历新年除夕，在布达拉宫举行的"驱鬼"仪式上，达赖喇嘛向西藏军区副司令员郑少东少将讲，他听说我们文工团刚从内地回来了，带来了很多节目，他希望为他专门演出一下。

当时我在场，我都听到了。郑少东副司令员就问他们，时间定在哪一天比较好？他说3月10日。结果那天早晨，在拉萨市区，叛乱分子不准商店开门营业，要市民都去罗布林卡。他们煽动说："到罗布林卡去保护达赖喇嘛吧，汉人要把他劫走了。"这无中生有的谣言，对笃信宗教的百姓来说，是极具煽动性的。大家纷纷涌向了罗布林卡。上午10时，西藏军区副司令员、地方政府噶伦兼藏军总司令桑颇·才旺仁增，坐车去罗布林卡时，途中竟被叛乱分子扔石块打伤。叛乱者打死了自治区筹备委员会委员堪穷帕巴拉·索朗降措，并用马将尸体拖到市内。接着，他们还召开了所谓的"人民代表会议"、"西藏独立国人民会议"，宣布"西藏独立"，任命噶伦拉鲁·策旺多吉为叛乱总司令，并调遣许多武装僧人进驻罗布林卡。三大寺数千武僧进入拉萨，全体藏军进入了临战状态，噶厦个别反动官员还派人打开军械库，把枪支弹药分发给参叛者。这时中央发出特别指示，要求不开第一枪，并做好对上层爱国人士的保卫工作。

3月10日，这是达赖喇嘛自己定下的时间，下午两点，我到军区礼堂待命，准备拍摄报道达赖观赏文艺表演。剧场布置得很讲究，达赖专座设在前排，茶几上也摆好了糕点和水果。中央人民政府驻西藏代理代表、西藏军区政委谭冠三将军等负责人也早已到场等候。但是我们发现到场的西藏嘉宾神色慌张。直到下午3时达赖也没出现，噶厦官员索康、柳霞和夏苏来到剧场，向谭冠三政委解释说，他们事先不知道达赖要来看戏，现在外面的事态已经发展到他们无能为力的地步，达赖肯定不能前来看戏了。谭政委当即严厉地斥责了他们。1959年3月17日后半夜，在索康、柳霞、夏苏、帕拉、赤江等策划下，达赖及其家人、随从、护卫等60多人，化装离开罗布林卡，逃向山南。3月18日，叛乱分子破坏了市内所有的通讯设施，割断了电话线，砍倒电线杆，烧毁桥梁，破坏公路交通，焚烧运输公司的房屋。19日，藏兵全副武装，来到工委大门口示威挑衅，叛乱集团强迫市民上街游行示威。7000多武装叛乱分子，占据市区多处坚固的碉楼建筑，盘踞布达拉宫、药王山等高地，并不断开枪开炮，向我方发起进攻。凌晨3时40分，作为机关自卫民兵，我在三楼屋顶待命。四周密集的枪炮声不绝于耳，从瞭望孔往外看，西北郊区火光冲天，枪炮声尤烈。20日黎明，武装叛乱分子利用药王山和布达拉宫居高临下的地势，不断向西藏军区、工委机关以及企事业单位大举进攻，猛烈轰击了6个小时。由于叛乱分子不会使用武器，打不中目标，导致许多炮弹落在市民院内和房上爆炸或落在空地或掉到拉萨河中爆炸。20日7时15分叛乱分子开始攻打《西藏日报》社。密集的子弹扫射过来，外墙火星迸裂，楼角的广播喇叭被打成蜂窝状。在1959年3月20日上午8时30分，我方才开始广播，高音喇叭用藏语、汉语宣读《告拉萨人民书》，一遍遍地指出这场叛乱正在严重危害人民生命和财产安全，希望市民高度警惕，做好自我保护。同时，向叛乱分子喊话，劝他们放下武器。上午10时整，奉中央命令，我方开始还击。平叛战斗仅仅进行了两天，叛乱分子就纷纷缴械投降。这些我都一一记录在了我的相机中。

记者：达赖有一个摄影师，他的名字叫车仁，您对他有了解吗？

陈宗烈：见过，也打过交道，车仁·晋美松赞旺布。他也不算是专职摄影师，这个人很有身份，他本来是锡金王族的成员，由于王室内部争权夺利，他看不惯，就离开了（锡金），来

人面狮身斗拱。大昭寺，1965年

手持相机的车仁。拉萨 1958年8月

布达拉宫举行“羌姆”（跳神）。1959年

叛乱的藏军在工委机关门口挑衅。1959年

到西藏定居。达赖给他封了个四品官。他就靠自己的庄园财产生活。他是在印度长大的，受西方教育，对服装、摄影摄像都比较痴迷。比如他对拉萨妇女的服装进行过改良，把一些繁琐的发式纹饰统统去掉。另外，他还经常用一台16毫米的电影摄影机拍电影，他也喜欢拍照。西藏摄影师，一个是德木，一个是他，他俩玩得最好。

记者：您和德木老人有过什么交往？

陈宗烈：我曾专门采访过德木活佛。好像是在1956年，还看了他很多作品。这个人跟其他的人不一样，他很平易近人，年纪比较大，思想也比较进步。起初他在研究佛学方面，还挺用功，而且通过传统的考试取得学位，后来却对照相感兴趣了。十三世达赖喇嘛认为他有点不务正业，给他警告了多少次。但是他觉得这样比较自由自在，不仅买了很多摄影器材，而且都是当时最先进的，买了很多胶卷，在西藏各地云游，最后竟然干脆还俗娶妻，生了旺久多吉。

和平解放后的西藏

记者：和平解放后的西藏情况是怎么样的？

陈宗烈：我进藏时，西藏仍然坚持贯彻《十七条协议》（即1951年5月23日中央人民政府与西藏地方政府签订的《关于和平解放西藏办法的协议》），直至1959年3月之前，中央和中央驻藏机关工作人员，始终遵守“对西藏现行的制度和达赖喇嘛的固有地位不予变更”的承诺。我们作为报社记者，一切采访报道，当然均以《十七条协议》为准则，必须尊重各界人士（包括宗教、上层人士、民族）的风俗习惯。

斗争尖锐时，我们的大院被叛匪包围了，成了孤岛，报纸运不出来，这时工委决定，叫我们赶紧搬家，就搬到离西藏军区很近的地方。

记者：那怎么搬出来啊？

陈宗烈：虽然被包围了，可是还没正式打起来，报社出于武装自卫，成立了机关民兵连。每个人都全副武装。我就配备了冲锋枪、手枪，加拿大式的，子弹通用，挂着手榴弹。当拉萨叛乱分子向罗布林卡集结时，我用相机记录了一些场景，我从小路插过去，拍了就走，要不然也是很危险的。

记者：什么时候开始正式交火的？

陈宗烈：1959年3月10日起，西藏上层反动集团在西藏地区全面发动了武装叛乱。3月20日，国务院发布命令，责成西藏军区平息西藏叛乱，军区贴出布告后，上午10时正式开打。

记者：平叛之后，老百姓有什么反应？

陈宗烈：老百姓不明真相，说实话应该是很害怕的。

记者：那个时候进步的贵族什么心情？

陈宗烈：进步的贵族更害怕了。现在共军打赢了，将来藏军要反攻咋办？这是人们的真实心理。

关于藏传佛教文化

记者：您在西藏那么多年，您怎么跟宗教人士打交道？

陈宗烈：当时在认识上也不是很深刻，一开始到西藏，我对宗教比较反感。我小时候就不信菩萨，参加工作后，我更是个无神论者。进藏后正好相反，整个的社会都离不开神和佛，全民信教，老百姓起名字也跟宗教有关。到了西藏之后，我想既然到这儿扎根，到这儿工作、生活，就要了解西藏，宗教是西藏文化很重要的一部分，更应该了解。因此，我就努力去了解，以便更好地开展工作。

比如说藏戏。藏戏的祖师叫唐东杰布，他本人是宁玛派的一个高僧。宁玛派是藏传佛教最古老的派别之一。

记者：在林芝一代？

陈宗烈：一开始是在山南，还有拉孜等地。

唐东杰布心很善，也愿意做好事。西藏的江河比较多，而老百姓出门渡江、涉水，很不方便，就想了一个办法——修桥，但是没有钱。于是他就想到通过募捐获得资金，但是一般人光听他口头讲，修桥有什么什么好处，不会捐钱，所以他就改变了方式。当他到了山南的某个地方，他发现一个村庄，一帮年轻的姑娘、小伙子，他们不仅身材长得好，嗓子也好，他们经常聚在一起唱歌、跳舞，很吸引人。于是他就把他们组织起来，由他编排舞蹈、唱词，让他们表演。慢慢发展成为一个团体，一开始叫七姊妹演出队，后来慢慢就演变成了藏戏。老百姓非常拥护他，他就成了藏戏的创始人，还募集了资金。他修的桥也是西藏最早的造桥工程。

西藏军区政委、中共西藏工委副书记谭冠三和藏胞一道修渠。拉萨 1957年

我对藏传佛教的造型艺术很感兴趣。当我看到布达拉宫很多壁画里面有一幅画，可能大家没注意到的，我拍了。

记者：是什么啊？

陈宗烈：就是封建农奴主镇压农奴起义。很长，血淋淋的。令我震撼。

记者：在哪儿呢？

陈宗烈：布达拉宫白宫二楼的画廊里，我发现了。后来问了当时布达拉宫的管理人员。才知道这幅画很有故事。

画中表现的是在修布达拉宫的时候，要征集很多民工。这些被征集来的农奴，很是凄惨。用工者不给一分钱，必须自带口粮，而且劳动强度非常大。后来以伐木工为首，在林芝地区举行了规模较大的抗暴起义。农奴主立即派了藏军去围剿他们，把带头闹事的抓起来，带到拉萨八廓街斩首示众。在西藏不管是建筑也好，还是壁画也好，其实有很多是以纪实的手法表现当时当地的社会状态的。另外西藏的很多造型艺术背后都是有一个深刻的历史背景的。

记者：您这些作品都是为了解西藏的藏传佛教文化，才去有意识地拍的吗？

陈宗烈：我是逐步认识了藏传佛教之后，才去拍摄的。

记者：您去了以后，跟他们了解情况，他们会告诉您，您应该拍一些什么什么；还是说您去看，然后拍？

陈宗烈：这个过程也很复杂，在那个条件下，汉人不是很容易进入藏族社会，包括萨迦王朝。萨迦地区，20世纪50年代去的时候，还是个相对独立的小王朝。西藏地方政府对它的管理也相对宽松。

为什么？它有一个历史背景。因为大家知道，西藏真正纳入中国版图是在元朝，元朝就是利用了萨迦地区宗教领袖，通过他们说服了各个部落的首领，归顺元朝的统治。萨迦派首领萨班・贡噶坚赞，在西藏很有名望。当时蒙古王子阔端给他写了一封信，说你到凉州来（凉州就是现在的甘肃武威），咱们好好谈一谈，关于西藏的将来，到底该怎么办？

他们会谈之后，签了个协议，从那时候起，西藏正式归入中国版图。根据元朝的决定，在西藏成立了13个地区，当时叫做万户府。萨迦这个小王朝，一直保持到20世纪50年代中期。1957年，我见过它的末代法王，名叫阿旺・贡噶索朗。

记者：您去看过这个小王朝？

陈宗烈：我去不容易啊，必须通过很多很多途径，我是跟着一个工作队才去的萨迦。到了萨迦地区，给他送了很多礼物。他很高兴，跟我称兄道弟。他说，元朝时期，我们是中央政府

布达拉宫壁画局部（镇压古代农奴起义）。1978年

的臣民。现在我们在中央人民政府领导下，我们藏汉民族早就是一家人。萨迦有两座寺庙，一个叫萨迦南寺，一个叫萨迦北寺。北寺建于宋朝，南寺建于元朝。

从历史上讲，从吐蕃王朝灭亡之后，中间好长一段时间佛教基本上销声匿迹了。大概有400年，这400年当中，到处是内战的硝烟。后来首先在阿里地区佛教又重新兴起。西藏又建了很多寺庙，寺庙建成后，就要招很多很多僧人嘛。自然成立了很多很多教派。最有名的有五个教派，分别为宁玛派、萨迦派、噶当派、噶举派、格鲁派，五大教派。

记者：这些教派您都去拍过吗？

陈宗烈：我都拍过，而且都进行了一些了解。从萨迦派开始吧，它就开始实行了政教合一，统治西藏。达赖也好，班禅也好，他们属于格鲁派的，就是黄教。

记者：您拍的这些法事当中，有没有原来有过，现在消失了的法事活动？

陈宗烈：当然了，你比如说传教大法会，后来的规模便小些了。

记者：它是几年一次？

陈宗烈：每年一次，在藏历年的第二天开始。时间约25天。

记者：它是什么样子的？

陈宗烈：首先在拉萨大昭寺要举行一个仪式，有一个高僧代表在大昭寺发布命令，这个代表叫“三大寺”的堪布总代表（注：三大寺指甘丹寺、哲蚌寺和色拉寺）。堪布是什么意思呢？堪布就是寺庙的主持人，他代表三大寺训话，中心意思就是，祈愿大法会期间我们要接管拉萨市的政权了。

记者：从那一天起，所有的政权都归寺庙了？

陈宗烈：对，原来的地方政权就靠边了。法会持续25天，所有的活动都是由喇嘛来控制。地方上发生任何事，也都是由僧人们来处理，杀人了放火了由他来管，地方不插手。

记者：我记得您有一张照片，就是有一个僧人拿着一个很长的棍子，画面中全都是僧人，您说的就是这个法会吧？

陈宗烈：对。1957年2月的藏历正月初三，是传统宗教活动祈愿大法会（俗称传大昭），要求报纸进行报道。我接受了任务，跟着噶雪·顿珠，到八廓街“曲松热”诵经广场，为格鲁派大主教噶丹赤巴拍照。噶雪问我带钱了没有，我拍拍口袋，发出叮当响的金属声。只见他

“嗡则”领诵佛法。
拉萨　1957年

祈愿大法会。拉萨　1957年

朝着不远处打手势，招来一个手执木棍、腰佩长刀、黑脸彪形的“朵多”喇嘛，他从我手中抓去3个“袁大头”（当时，西藏不流通人民币，货币是西藏地方发行的藏钞或硬币，再就是通用民国三年制造、铸有袁世凯大头像的银元），塞给了“朵多”，示意替我们带路。这样，我们终于到达了噶丹赤巴跟前。我登上法台一侧的高处，拍摄了大主教弘法讲经、喇嘛们云集广场、“翁则”带领众僧诵经等活动。这几十张照片，成了藏传佛教的历史资料。请“朵多”带路，那是噶雪顿珠的急中生智。此事给了我很多启发，后来外出活动，再面临通行遭阻或遇歹徒麻烦时，着急了，便搬出此招，出钱雇个“朵多”做保镖。

记者：那时您用什么相机？

陈宗烈：在报社当摄影记者，起初用的工具，是台老式的美制“新闻镜箱”，拍3寸的散页底片，

扬眉吐气——达孜县翻身农奴焚烧三大领主的各种文契。1959年

拉萨东郊章达乡农民在丈量耕地准备土地改革。1959年

由于笨重，操作不便，我就用积蓄以700多（银币）元的价格，从八廓街买了台尼康F3——一个机身，外加仨镜头，颇为得心应手。后来，公家有了财政拨款，才配置了一台双镜头禄莱、一台徕卡M3。

记者：现在的法会和原来的法会有什么不同吗？

陈宗烈：有本质上的区别。一个是特权阶层没有了。铁棒喇嘛、“朵多”没了。尽管可能还有一些服装道具一样的人物出现，但多是表演性质的。

藏族百姓的生活记录

记者：那时候您没有记录一些老百姓的生活吗？

陈宗烈：当然拍过。

▼拉萨西郊农民措姆喜分牲畜。1959年

▼拉萨东郊蔡村翻身农奴得到了政府颁发的土地证。1960年

▲白郎牧场两位藏族妇女在纺织。1957年

离藏前夕，陈宗烈和妻儿在拉萨的留影。1980年10月

记者：有没有您印象中最深刻的作品？

陈宗烈：深刻的也谈不上，只不过是从各个不同的角度拍了一些东西，为什么要拍这些东西呢？我总觉得将来有一天我看到的场景会成为历史，永远消失了。但是进一步去了解细节就不可能了。一个是由于信仰不同，你想去了解人家，人家不一定给你讲。还有一个是我的语言还没有达到能够轻松交流的程度。不过，百姓家里我还是住过很久。某年夏天到藏北牧区，我就曾经在老百姓的牛毛帐篷里面生活了很长时间。

记者：西藏民主改革，您拍了一些翻身农奴得解放的照片？

陈宗烈：实际上我们做了很多很多工作，开始时动员老百姓揭发批判领主的罪行。但是老百姓一个是不敢，一个是意识不到。他们认为生存在世界上，全靠领主。没有领主，哪能吃饱，哪有住所？哪有衣穿？

记者：就是说奴隶的这种思想根深蒂固，一时很难改变？

陈宗烈：对。解放之后，他们不适应变化。共产党分给了他们土地。但是好多奴隶是专做家务的，他们不会种地。有一些奴隶，政府给了他很多救济粮，一开始很高兴。吃饱了，还把它酿成酒。没几天全糟蹋完了，就再跟政府伸手要，政府有时候教育批评他，他们就不太高兴。

认识不是一下子就转过来的。要逐步地给他算细帐，你为什么会这么穷？领主多少土地，你没有，你一辈子几辈子给他劳动，他不给你一分钱的工资，你创造的东西，比他给你的口粮要多得多，给他一算细帐他才明白。过去确实是不公平，这才要打倒领主。其中有一些积极分子，他觉悟得快一些，我们就把他提成干部，他就成了当地一方的带头人了，上面有什么事情，通过他去办，他觉得很光荣。终于真正当了家，做了主，所以后来才有《扬眉吐气》这样的场面。

重返藏区

记者：您在1980年年底调回北京后又去过西藏吗？

陈宗烈：是的，回去过两次。一次是1987年，另一次是1990年。也是去作新闻报道的，拍了不少彩色照片。

记者：再去西藏后有什么不同的感受？

陈宗烈：感受不一样，跟我们当年去西藏不太一样。当年完全是原生态。那时候八廓街，就是一条很小的小街，比我们现在内地的小镇都不如，也没什么很起眼的商店。不像内地，每个商店门口还有个招牌，西藏的商店什么牌子都没有。我们去只能是瞎闯，或者是听声音。那个时候已经有留声机了，他们靠声音告诉客人商店里是卖什么的。一般来讲，如果是外商，主要是印度商人和尼泊尔商人，他们放的音乐也是印度音乐和尼泊尔音乐。还有一种音乐是西藏本地的，像什么朗玛调，一些西藏本地的民歌。你要买东西，找商店，一个靠听，一个靠闯。

记者：今天已经听不到亚洲、印度、尼泊尔这些音乐了，西藏的音乐倒是听得到，但更多的商贩都是甘肃、青海和四川去的，他们把两边的街摆得满满的。1990年之后，就没有再去西藏了？

陈宗烈：是呀，有机会我还想回去探望一番。

记者：我觉得您聊起西藏来，有种很亲切的感觉，很像故土重逢，哪怕是当年的一棵树、一棵花草，也能唤起您深深的怀念。

陈宗烈：是。离开西藏已经20年了，但只要一静下心来，高原上的那些沧桑岁月就会重现在我的眼前，让我激动不已……

不堪重负的女农奴。拉萨 1956年

打麦场上的欢歌。拉萨东郊
1959年

八廓街商贩。1956年

八廓街一隅。1956年

贵族赛马。拉萨 1957年

日喀则镇集市。1957年

经商的喇嘛。拉萨 1956年

日喀则镇老妪的服饰与头饰。
1957年

驻藏部队严格执行“买卖公平”的原则。拉萨西部
1957年

高原马队。拉萨郊区 1957年

雅鲁藏布江上游的铁索桥。
拉萨 1957年

朗色林庄园。扎囊县 1958年

西天神路。拉萨 1958年

达孜县藏族干部深入拉木村访贫问苦。1959年

农妇格索朗旺姆在打酥油茶，全家人一起用早餐。1959年

迎着好风扬青稞。山南扎襄县 1960年

藏医在牧区巡诊。当雄 1960年

翻身牧民的新生活。当雄 1960年

比如县牧场的牦牛群。1960年

雍布拉康，相传是西藏第一
座宫堡。1960年

珠峰北坡的巨型冰塔。1960年

牧场晨曦。当雄 1961年

驰骋中的火枪手。当雄 1961年

当雄牧羊姑娘央金梅朵。1961年

林芝农妇春播忙。1961年

六弦琴手。山南乃县 1963年

藏戏女演员。拉萨 1965年

曲水县翻身农奴扎西旺堆生平第一回享有了政治权利，选举人民代表。
1963年

丰收的喜悦。亚东·帕里
1963年

农田秋色。澎波 1973年

分到土地的农奴在自己的土地上劳动。澎波县 1973年

布宫唐卡：文殊菩萨。1978年

美丽的空行女神。1978年

布达拉宫经宫建成庆典图。1978年

布宫唐卡：藏族人起源故事图。1978年

蓝志贵

从1950到1970

950到1970 从1950到1970
从1950到1970

作为一个记录者，就要有意识地把传承的东西记录下来。我当时认识到的，要记录；没有认识到的，也要记录，记录下来再认识，这就是我的想法。

——蓝志贵

从1950到1970

口述人：蓝志贵　　采访人：刘铁生　张宇　时间：2009年6月1日　地点：四川成都西南民族大学

蓝志贵，1932年出生于重庆巴县一个农民家庭。1944年，对摄影产生强烈的兴趣。1945年，在重庆皇宫照相馆当学徒。1949年11月参加了解放军第18军，分配到军摄影股。1950年随军进入西藏。拍摄了进军西藏、康藏公路建设、西藏平叛、西藏民主改革、中印边境自卫反击战、西藏"文革"等事件。

僜巴少女群像。察隅 1956年

僜巴族人爱吸烟。察隅 1956年

僜人少女。察隅 1956年

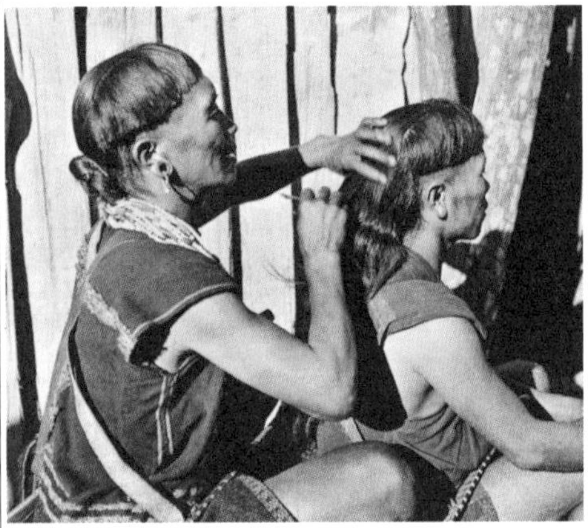

整理头饰的珞巴族男人。察隅 1956年

珞巴族男人互相梳妆。察隅 1956年

珞巴族男人服饰。察隅 1956年

珞巴人群像。察隅 1956年

练习射击的珞巴人。
察隅　1956年

手持政府捐赠的猎枪的珞巴
族男人。察隅 1956年

最初的摄影

记者：今年3月28日是西藏第一个百万农奴解放纪念日，中国美术馆举办了您的《西藏1950—1970摄影作品展》。我们很想知道，您最初的摄影经历是怎样的？

蓝志贵：我出生在重庆巴县白市驿一个农民家庭，1938年那里就修了军用机场，白市驿镇就成了美国空军飞虎队司令部的驻扎地。当时，很多飞行员下来背着照相机，拍我们的民俗，很神气，激起了我对摄影的兴趣。1945年我在重庆皇宫照相馆当学徒，算是了却了自己的心愿。那个照相馆的老板原来就是在南京开照相馆的，叫宋慧伯。

记者：当时您知道陈纳德这个名字吗？

蓝志贵：陈纳德的飞虎队，什么夜战、空战，我们小孩都看了。重庆最悲惨的一段就是日本的大轰炸，我那时候就在白市驿上小学，我们学校在万寿山山顶上。日本人的飞机轰炸的时候，飞机四处扔炸弹，巧的是就没扔到这所学校。这个小学是一个佛教的寺院，老百姓传出来，说有个菩萨站在那个庙子顶上拿一个竹竿那么转圈地打，结果把炸弹都打在四周了。我们家就住在学校周边，我和我的母亲就躲炸弹，躲了好多次，现在仍有印像。那时候白市驿也有个照相馆，我亲戚开的，有时候我就在楼上用照相机拍飞虎队的飞机。

记者：对当时用的相机还有印像吗？

蓝志贵：照相馆的座机可以伸长的那种，没有快门要用人工来控制感光。在照相馆里头，没有人的时候，我就背着这个照相机去拍寿相，那是我最早的拍相经历。

记者：还记得第一次拍摄吗？

蓝志贵：有钱人家的老人死了要拍寿相。我第一次拍寿相，是给一个老太太拍，她躺在一个木板上，穿着寿鞋、寿衣，戴着寿帽。

记者：这一时期，您应该接触了很多影像？

蓝志贵：我对摄影产生浓烈兴趣后，亲戚就送我去皇宫照相馆做了学徒。老板是南京的，当时上海、江浙一带一些有经验有名望的摄影技师也跟来了。我在做学徒期间，有了更多的学习机会。当时也有盟军军官来这里冲洗胶卷，也有了更多的机会看到一些比较好的图片，我也会特别留意这些照片的拍摄技巧。

记者：重庆当时文人荟萃，您受到哪些影响？

蓝志贵：我接触了很多的影像和美术作品，包括文艺复兴时期的美术作品，有些美术作品对我影响很大，像列宾的《伏尔加河上的纤夫》、达芬奇的《蒙娜丽莎》等。还有国内早期的几位摄影家，像薛子江，郎静山，黄翔这些老前辈，他们的影像对我影响也很大。

认识到的要记录，没有认识到的也要记录

记者：您何时参军的？

蓝志贵：1949年刚解放时我感到很新鲜，唱“解放区的天是明朗的天”，然后打腰鼓游行，我都参加。后来就萌生了参军的念头，恰巧18军的军长张国华、政委谭冠三、直属机关党委书记陈明义等师以上干部来我们皇宫照相馆拍合影相，我和罗伟、胡轮翔就提出来要参军，当场就被陈明义批准了，由林安波来具体负责接待，他当时是摄影股的股长。

当时老板还不让我走，因为我刚好掌握了摄影技术，工资是摄影技师中最低的，但是我的贡献是最高的。

记者：您和18军领导的关系，很像千里马和伯乐的关系呀。

蓝志贵：参军的时候，我的想法是，一要完成组织上交待我的报道任务。二要记录历史。所以这一点，人家现在研究，说你这儿不简单，新中国成立都是为政治服务，你还要表现人文景观，你当时思想从哪里来的？我说我觉得，摄影就是一门纪实艺术，一个是造型艺术，一个是纪实艺术，一个是瞬间艺术。这是我对摄影的理解。

以后就是18军进军西藏，我被留下来购买摄影器材，为进军西藏做准备。后来我就到了18军的总部乐山。进藏前，在搜集资料的过程中，我就逐渐感觉西藏的文化是非常优秀的，很完整、很独立。

我就萌发了要记录西藏民族文化的念头。我想，作为一个摄影者，就要有意识地把传承的东西记录下来，我当时认识到的要记录，没有认识到的也要记录，记录下来再认识，这就是我的想法。

进藏第一阶段：团结爱国

记者：开始进藏是什么时候？

蓝志贵：当时是1951年7月，在18军总部乐山拍了进军西藏誓师大会。作为随军的摄影员，我拍的第一张照片是《翻越泥巴山》，当时部队行进的队伍非常壮观，呈之字形沿着山路蜿蜒。拍完这幅照片，我就病倒了，之后就跟着后方部队一起修筑康藏公路，直到1954年12月底，随车队进入拉萨，我拍下了《汽车第一次进拉萨》。

记者：行进的路程是怎样的？

蓝志贵：我跟部队走的是中路，从甘孜出发，经德格，过金沙江、铜鼓、昌都、波密，再进入拉萨，中间要翻两座大雪山。行军路上冲洗底片很困难。当时每个人发一块雨披，白天行军用来遮雨，晚上两块雨披能搭一个帐篷。雨披在摄影人手里还有另外一个用处：两块合拢来就是临时暗室，吃饭的锅碗瓢盆充做洗印工具，用来定影、显影。

记者：拍《汽车第一次进拉萨》您用的是什么机器？

蓝志贵：用一台120德国禄莱福莱相机拍的。说起这台机器，还有一段故事。1953年秋冬，我随西藏军区组织的参观团去朝鲜战场参观，路过重庆时西南军区司令员贺龙接见了我们。我就在现场拍照，用的是一部拍16张底片的蔡司相机，闪灯泡老打不燃，贺龙就说：“蓝小鬼，你那个照相机过时了，打不燃了。”回到拉萨后，我就领到了一台徕卡，还有一台120德国禄莱福莱。

记者：您进藏的初期，西藏情况是怎样的？

蓝志贵：第一阶段叫团结爱国，实行《十七条协议》。《十七条协议》明确规定了我们要保持西藏的制度不变，宗教制度，噶厦政府的权力不变。那个时候主要的任务是，驱除帝国主义残余势力出西藏，团结爱国。当时就是说，不管你是什么人，你只要是团结爱国，反对帝国主义势力，拥护解放军，我们就团结你。

我们进军西藏很苦，刚到西藏时没有吃的。当时有个伪“人民会议”组织，代表人物叫鲁康娃。一见到张国华军长就说，你们打胜仗高兴，将来饿肚皮，那才晓得锅儿是铁铸的。就是

翻越泥巴山。1951年

说，你进来了，我们要把你饿死，尝了饿的滋味你就高兴不起来了。

毛主席说，进军西藏不吃地方。所以，我们一面进军一面铺路，一面进军一面生产。当时的藏族贵族，我们也是团结的，我们跟他们那些青年组合起来，组成青年联谊会，还有妇女联谊会，那些贵族夫人也出来，参加这些活动，跳舞啊、唱歌啊，打球照相啊。这些活动叫做统

战活动。留声机一放，跳舞、唱歌，关系很融洽。

这是最早进藏的时候的一个状况，团结爱国阶段。旺久多吉的父亲德木活佛就是我们的爱国统战人士，他也跟阿沛·阿旺普美一样，支持解放军，把仓库里的粮食都卖给我们解放军了。

汽车第一次开到拉萨。
1954年12月

我跟车仁还打过一些交道

记者：车仁是达赖的专职摄影官吗？

驻西藏林芝部队开荒生产。1952年

西藏军区直属部队在西郊农场劳动。1957年

蓝志贵：对，后来就跟着达赖跑出去了。他跑出去前，我们还是团结他的，平时拉萨有什么集会啊，照相啊，我们就把最好的角度，最好的位置让给他。我们不去挤他的，就是团结他。车仁这个人很有学问，他是在英国学的军事，会打炮，他还教藏军打炮。另外，他有文化，懂摄影，还有园林艺术他也懂。他和德木活佛是西藏最早搞摄影的了。

我跟车仁还打过一些交道，1954年开第一届全国人民代表大会，要把达赖喇嘛送到北京，7月15日，达赖喇嘛一行由张经武陪同离开拉萨。达赖和张经武先是乘马车，沿康藏公路西段已经建成的公路行至乌斯江后，改为骑马东行。经过二十多天，进入波密。波密有个泥石流地区，我正在那儿拍康藏公路。张经武、达赖进入筑路部队工地时，受到53师副师长郄晋武和筑路部队的热烈欢迎。张经武、达赖对筑路部队表示了慰问。为保护张经武与达赖一行安全通过，他们当时还有一个营的部队分布在那个泥石流的山上，说如果石头要下来，就把石头抱着，要保护达赖喇嘛的安全。当时，我就在下面拍照，也就是那个时候认识车仁的，我给他选最好的角度，最安全的地方，就叫他来拍达赖。

车仁照片。

在察隅我拍了很多风俗照片

记者：大家称您是察隅摄影第一人，您什么时候去的察隅？

蓝志贵：1956年我主动要求到察隅地区，那个时候，我已经能熟练用藏语采访了。除了完成察隅边防部队的报道外，我还拍摄了大量的风光和民俗照片。察隅这个地方的人，有很多是少数民族中的少数民族，例如珞巴族、僜人，门巴族，还有藏族，最有幸的是我拍摄了很多珞

雨过天晴。察隅 1956年

丰收在望。察隅 1956年

巴人和僜人的生活习俗的图片。

珞巴族是一个非常豪放、善良、友好的民族，他们的生活来源主要以种粮食、打猎、挖药材为生。他们有着一种游牧性质的生活方式，主要是长住在我们上察隅地区的十多处深山峡谷当中。

还有一个民族叫僜人，还没有归入到我国56个民族当中，我们称它为僜巴人。这个民族的人呢，身体很瘦弱，很矮小，他们很喜欢抽烟，从小能吃饭的时候就能抽烟了。当时他们还种鸦片，我们去了以后就展开宣传，叫他们不要抽鸦片也不要种鸦片。在这深山里面，只有几千人，后来在我们解放军驻察隅部队帮助下，将他们从察隅山上接到察隅坝子里。察隅那个地方非常富饶，我们就把那些人安排在察隅。这个时期我也拍了很多当地的风俗照片。另外察隅有一座山叫药材山，到药材山要经过四五天的行程，经日东草原到吉台村，然后才到中缅边界的药材山。那里珞巴人每年的八九月份都要到药材山挖药材。

《拉萨节日的欢乐》是我的代表作之一

记者：《拉萨节日的欢乐》是您的代表作，也是您获国际金奖的作品，给我们谈谈您是怎样创作这一作品的？

蓝志贵：《拉萨节日的欢乐》是我的代表作之一，拍摄于1958年藏历元月“传大昭”期间。1955年春节期间，我观察和拍摄了藏族人民一年一度的在拉萨“传昭”的各种宗教活动。在“传大昭”的21天活动中，除三大寺近三万喇嘛集中于大昭寺诵经外，还有灯节、元帅点兵、送鬼和赛宝会等活动。这些活动中尤以“送鬼”的场面庞大。我当时想，能将这个有气魄的场面记录下来对后人认识西藏的宗教文化一定很有价值。

1955年，我拍摄“传昭”以后分析了拍摄的其它照片，发现庞大的宗教活动场面，没有半点组织加工的可能，因而选择拍摄角度和控制场景是创作成败的关键。在“送鬼”仪式中，有“用法术压邪”、“武术压邪”和“凯旋”等三个主要场面，其中“凯旋”是表现鬼魔瘟神被除尽，人们在新的一年中“风调雨顺、国泰民安”，这时，火炮齐鸣欢迎古装骑士胜利归来，矫健的骑士们绕场一周，长约4分钟；于是整个送鬼仪式在铁蹄声和炮声中结束。我准备选择有代表性的“凯旋”场面。

构思成熟了，场面也选择好了，我准备在1956年“传昭”期拍照，但因当时我不在拉萨，没有拍成。1957年因光线不好，也未拍成，1958年才算拍成。应当说，对主题思想和场面有了精确的把握后，角度的选择就不困难了，但是当时“传昭”期间，一切治安由铁棒喇嘛维持，如果不服从铁棒喇嘛的安排，进入活动范围的人会有生命危险。如果没有一个安全的摄影点，我也不可能专心拍摄。另一方面，人群拥挤，活动的摄影点也不可能拍摄到构思中理想的瞬间。只有选择好固定的拍摄地点，才能有把握拍摄好。 依据以往的实践经验，对骑士绕场一周，人群变动的位置、光线、气氛等等，我事先作了充分的估计和安排。从完整的构图出发，我选定附近一间民房房顶为摄影点。前三天与房东交了朋友，说明我的意图，同时对安全方面也作了准备。

一切准备工作完成后，我准备了禄莱F2．8双镜头反光相机和二号黄滤色镜及其他附件。因当时风沙很大，我把相机置于大衣里面，这样既防风又不容易被发现，我提前6小时进入立足点。当仪式开始的时候，对其他场面一律放过，因为我要拍的比较理想的场面只有二分之一秒的时间。当时我一面考虑到火炮对相机的震动，硝烟和风沙的遮盖，光的变化，左右人群对拍照的影响等，一面集中一切注意力，等待高潮的到来。当我一切准备妥当，“凯旋”的古装骑士开始出场，这时刚好从云缝中射出一丝阳光，照亮广场，铁蹄下风沙四起，远处的勇士们，隐没在风沙和硝烟中；布达拉宫前景的透视感也鲜明起来，人群被精彩的表演吸引着。于是，我按动快门，这《拉萨节日的欢乐》也完成了。为了拍摄这张照片，经历了3个“传昭”期，也就是3年。由于在构思方面，有明确的意图，因而对场面、角度的选择和对客观困难的估计，都掌握得比较准确，所以才能按自己的主观愿望顺利地将作品表达出来。

这幅作品入选1958年第二届全国影展后在1959年第二期《中国摄影》上发表，反响比较强

▶拉萨节日的欢乐。1958年

传大昭 古骑士。
拉萨 1958年

烈，当时的中国摄影学会来信调底片放大照片参加国际影展，张印泉先生在北京亲自为我放大，由中国摄影学会展览部选送参加民主德国和匈牙利国际摄影展览。我记得当时送展的作品有侯波的《毛主席与亚非拉朋友在一起》、吕厚民的《欢送志愿军回国》等几十幅作品。获奖后中国摄影学会向西藏军区发了贺电告知我荣获国际金奖。

西藏民主改革

记者：西藏民主改革期间，您去了拉加里，我们看到您的许多作品都出自那里，其中就包括著名的《桑登分到了土地》。

蓝志贵：1959年3月下旬，达赖喇嘛一伙西藏上层反动分子策划的叛乱被平息。3月28日，周恩来总理发布命令，解散西藏地方政府，由西藏自治区筹委会代行西藏地方政府职权。6月28日，自治区筹委会召开第三次会议，西藏民主改革的序幕从此拉开。

1959年6月，我跟着民主改革工作队第一次进入山南。我去的那个县叫拉加里，1965年后改成现在的名字——曲松。民主改革前山南地区有很多大谿卡(庄园)，几乎每个县都是某个大贵族的庄园，县的名字也就是领主的名字。农奴出去说自己属于哪个领主，别人就知道他是哪里人了。拉加里的领主朗杰加措人称“山南王”，是吐蕃松赞干布和文成公主的后裔，在旧西藏地位很高。这个朗杰加措参加了叛乱，按照1959年6月28日西藏自治区筹委会第二次会议通过的《关于西藏全区进行民主改革的决议》，对这类领主的土地要实行谁种谁收，解放庄园里的朗生(也就是家奴)。我们工作队在拉加里做的就是这样的工作。朗杰加措是大领主，朗生就有五六十个，这些完全没有人身自由的农奴对领主很惧怕，发动工作开始很有难度。

1959年6月至8月，我在山南拉加里利用两个月时间，拍摄了不少西藏民主改革的照片，如《在新分的土地上》、《丈量分得的土地》、《六十九年来的第一件新衣》、《桑登分到了土地》等。

我第一次见到桑登是在街上。6月的一天，我在王府卡附近看见正在乞讨的桑登。桑登看上去有50多岁，衣衫褴褛，脚上戴着木制死镣，使两腿蜷缩不能站立。我从旁边藏人那里得知，桑登是一个身世很苦的老农奴，白天在外乞讨，晚上睡在一顶破帐篷里，没有家人照顾。我还听说过去西藏关押犯人不给吃的，让犯人戴着脚镣上街乞讨，大约桑登就属于这种情况。他当时的情形给我的印象太深刻了，我就为桑登照了一张相。1961年电影《农奴》问世后，我第一时间就想，桑登简直就是现实生活中的“强巴”。

拉加里开始民主改革了，桑登的腿病也被治好了。他兴奋地站在道旁迎接平叛归来的解放军，此后又和其他农奴一样有生以来第一次分到了自己的土地。分地那天，桑登心情十分激动，百感交集，却不会用语言来表达，只是将那块象征着自己土地的木牌紧紧地贴在脸颊上，木牌上写着藏文“桑登田”。桑登说将把这块木牌钉到属于自己的田地里。虽然沧桑岁月在老人脸上留下深深的烙印，但他的眼神中却流露出从未有过的自豪与自信。

桑登分到了土地。
拉加里　1959年

记者：我印象很深的还有您的一幅作品《委员索郎登珠啊，请问如何分配土地》，同样十分传神。人物表情瞬间抓取得特别好，丰富又毫不做作，您是怎么做到的？

蓝志贵：我拍照片不是生硬地去拍，而是和他们交朋友，了解他们的心理。还有，摄影本身就是一门瞬间艺术。你说的就是当时我拍的一幅反映土改的作品，一位老人拉着委员索郎登珠的衣襟：“索郎登珠啊，请问如何分配土地？”画面没有声音，你就要通过眼神给大家一种感觉，我们从老人急切的眼神中能读出他对分到田地的期盼渴望，而这也正是百万农奴翻身后最为关心的大事。

蓝志贵与拉宋卓玛

记者：您在这一时期也收获了自己的爱情？

蓝志贵：那是1959年7月，有一次工作队组织王府的农奴游行，走在队伍里面的一

丈量分得的土地。
拉加里　1959年

在新分得的土地上。
拉加里　1959年

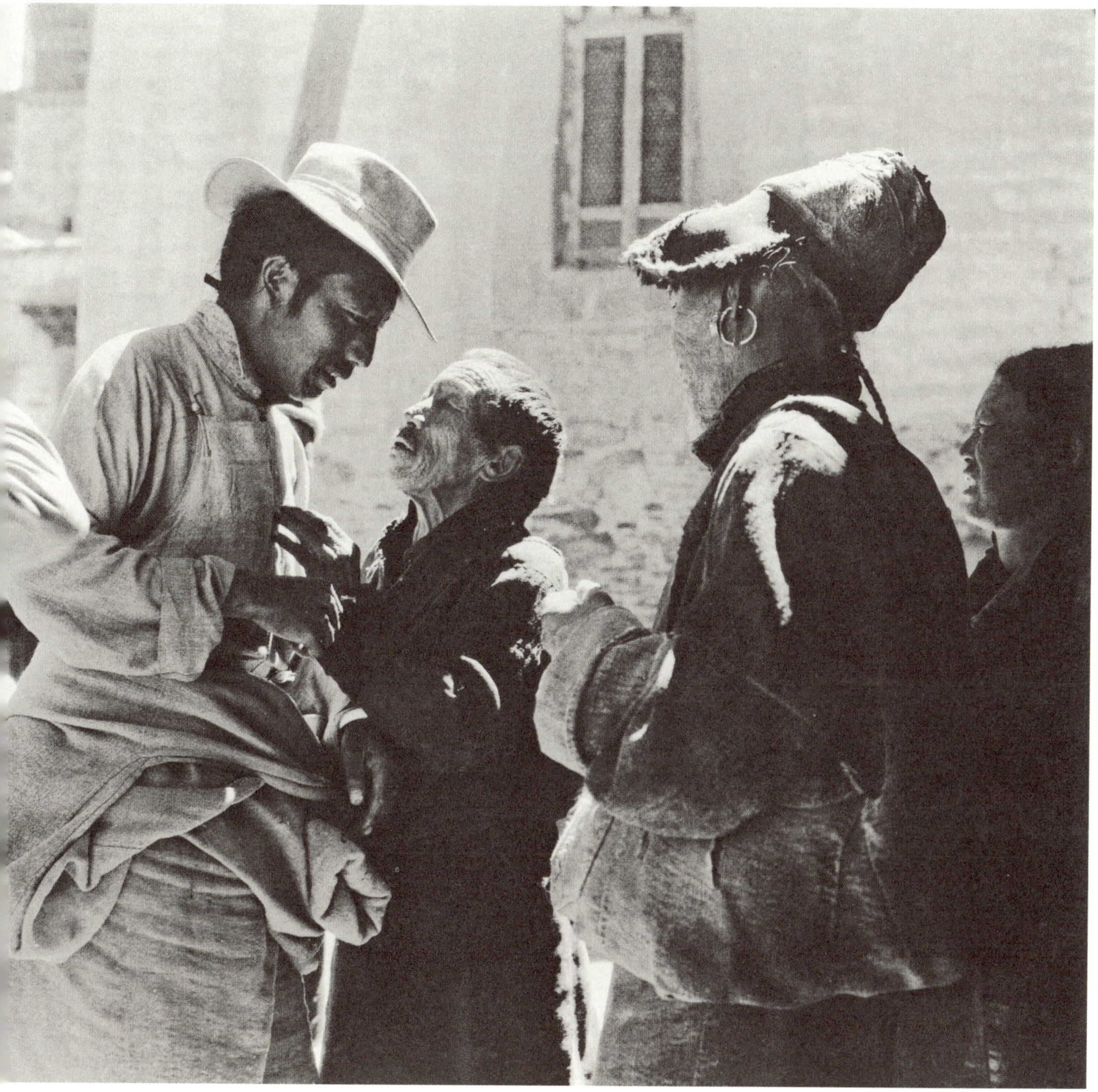

委员索郎登珠啊，请问如何分配土地。拉加里　1959年

个年轻女性，可能是觉得灰尘太大，用一条纱巾把脸蒙上了，在行队伍里，很显眼。游行结束后，我找到她，对她说，你不应该这样，要和群众打成一片。她觉着我批评是为她好，我们就这样认识了，心里慢慢喜欢对方，谁都没有说出来。

后来才知道她的名字，她叫拉宗卓玛（汉名：何桂仙），是云南德钦人。她的父亲是银匠，打银器的。后来，帮他的头人"打冤家"[注]，被打死了。她母亲也活生生气死了，她和她的姐姐就成了孤儿。一个汉人家庭养了他们，卓玛七八岁的时候，就会说汉藏两种语言，后来被送到中央民族学院学习，1959年，她还没毕业，就参加了民主改革。

记者：交往过程中，有难忘的故事吗？

蓝志贵：之后她被派到最偏远的金宗区当区长，我想去看她，路上要穿过三个县境，再翻越一座贡阿拉山。一路上到处都是叛匪被击溃后丢弃的马匹，我骑行五天四夜，一路换了4匹马，饿了就用茶叶换藏民的鸡蛋，有一天居然吃了30多个鸡蛋。等我赶到区里，她碰巧下乡去了，我又打马往山那边去找她，结果半路上就遇到了。我骑的是一匹黄马，她骑了一匹白马，身上挎一把手枪，又漂亮又神气。我拿出相机为我们自拍了一张合影。我们逆光站立，画面和光线都美极了。那是我这一生中拍得最好的照片。我们也在这一天恋爱了。相聚不到半天，我又骑马往回赶。1960年民主改革胜利，我们在拉萨完了婚。

蓝志贵与拉宗卓玛（何桂仙）恋爱时的自拍合影。
拉加里　1959年

大洋买彩色胶卷

记者：我们看到这一时期您拍摄了彩色照片，您最早拍摄的彩色照片是什么？

蓝志贵：由于当时西藏与印度贸易频繁，在拉萨很容易购买到彩色胶卷，后来《解放军画报》知道了，也要求我们从印度进口一些彩色胶卷和彩色套药以及摄影器材等。

记者：当时的彩色胶卷会不会存在缺货的情况？

蓝志贵：不会，当时我们买的那些彩色胶卷是大洋一块到一块五，反转片二块左右就可以买一卷。我们每个月发的工资里头有10%到15%是发的大洋，我的大洋都花在买彩色胶卷和买彩色套药上了。因为当时西藏地区的生活物资相对贫乏，为了保证当地市场的物资供应，部队不许我们购买太多的生活用品，生活用品要保证拉萨市民购买，加上那个时期我们年轻，所以大洋基本上没用，但买彩色胶卷没有人管。

记者：您在进藏初期，有没有拍拉萨的全景照片？

蓝志贵：我一直想拍一张拉萨的全景图片，后来就一直琢磨合适的角度。最终，我发现在药王山这个位置不错。时机成熟后，1955年春，我从军人摄影社借来一台十几斤重的折叠式人像摄影机，硬是背到拉萨药王山上去。这个位置拍拉萨全景最理想，记得那天天气非常好，所有景物极为清晰。在取景时，布达拉宫、林卡、八角街等仅占了整幅画面的五分之一，其余都是开阔地，和今天区别太大了。当时是用两张4×5大底片拼接的，可惜如今底片没了，好在原作还在。

记者：您拍的西藏纯风光的作品不多，但您有一幅作品《多吉湖畔》给我印象很深。

蓝志贵：我觉得人和自然的关系，它本身就是一个融入和交流，拍风光就是人与自然的一个对话交流的过程。比如我在西藏见到很多雪山、湖泊，有很多天鹅、野鸭。我拍摄的时候，就感到所有这些都很有生命力，人和自然是和谐统一的，风光和人都是有生命力的，我摄影就要体现这生命的感觉。要有灵气，要把灵气拍出来。

记者：听说您拍藏族贵族少女沐浴的作品，还有一些故事？

蓝志贵：1958年反右派时，批判我，说你拍裸体照片，我说这是艺术，这是西藏人民的风俗习惯，你要热爱西藏，你要热爱西藏的民风民俗。结果我受批判以后，我连底片一起把它毁了。

达赖喇嘛派人来买我的照片

记者：这之后，您在西藏也经历过“文革”？

注 打冤家：旧时某些少数民族地区称为报冤家而发生的械斗。

蓝志贵：是呀，到1966年的时候，什么游街啊，什么打牛鬼蛇神啊，戴高帽子啊，挂牌子啊，我都在街上去拍。我拍了一组红卫兵要把那些菩萨扔到拉萨河里面，当时，我还劝他们，哎呀，这是宝贝啊，你们不能扔哦。我穿着解放军衣服，我还可以说，其他人都不敢说。我还拍了我们房东挨批斗的照片，他的名字就叫朗堆·贡嘎旺秋，是西藏自治区政协的副主席。他是我们的房东。我1960年结婚的时候就住在他家里，他把他的小姐楼腾出来，让我和我的爱人在里边结婚。记得小姐楼里"欢迎你"是英文，我跟他感情很好，我结婚的时候，他还讲话，他是嘉宾。"文化大革命"就给他戴个大牌子，高帽子，把他夫人脸上画得乱七八糟。我又给他拍了，拍的时候我说，我同情你，拍下来给你做个纪念，你不要生气。后来达赖喇嘛派人来要买我的照片，出6万块钱，我说我不卖，我不卖没有理由，我说我要100万，我晓得他买不起，我这样子来拒绝他，他说要这个拿去到印度去展览，我说我更不卖了。

两个西藏贵妇人。1955年

藏族小学生。昌都　1952年

神兵天降，空军第一次在拉萨跳伞。 1955年

拉萨成立了第一所小学。
1955年

小牛犊。日东草原　1956年

昌都八宿县然乌小学。
然乌湖旁　1956年

解放军帮助藏胞制造的砖瓦。
察隅　1956年

江孜平原。江孜　1957年

政府给住在山洞里的农奴安家。
拉加里　1959年

平叛后，给翻身农奴分
发衣物。拉萨　1959年

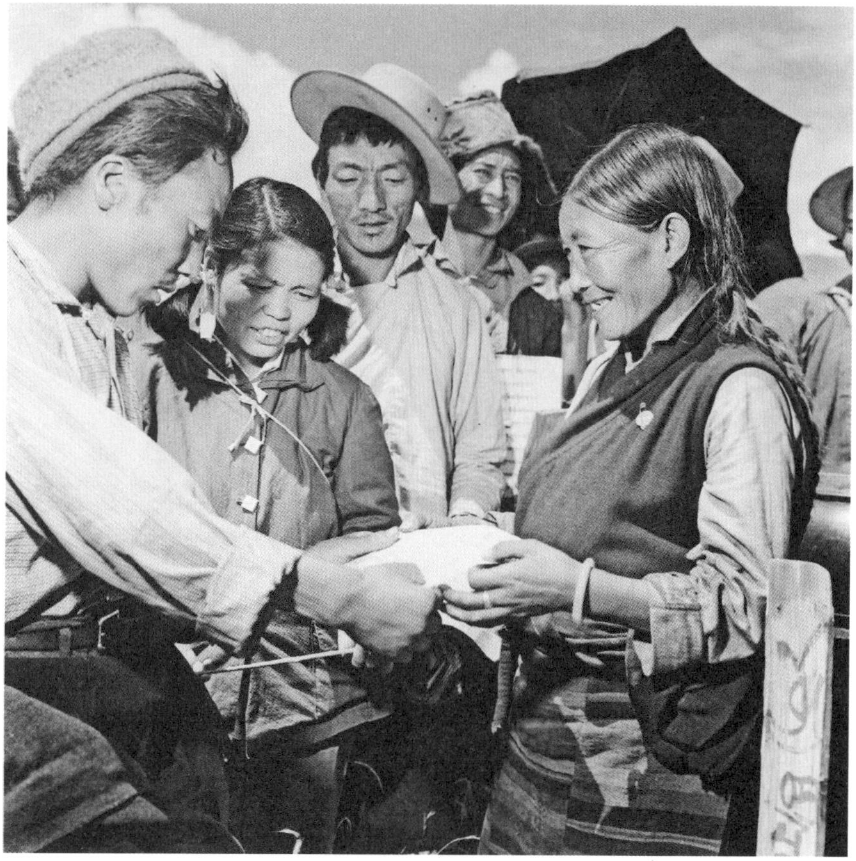

翻身农奴。
拉加里庄园　1959年

翻身农奴。
拉加里庄园　1959年

站岗查路条的藏族儿童团员。
拉加里　1959年

政府给住在山洞里的农奴安家。
拉加里　1959年

国庆10周年藏族少年跳新疆舞。
1959年

第一台康拜因收割机来到拉萨。
1959年

邮递员来到我们家。
拉加里　1959年

烧契约废债务。
拉萨　1959年

藏族裁缝。拉萨　1966年

晚景。山南　1961年

“五好标兵”大扎西与藏族少年儿童在一起。
日喀则 1960年

蒙紫

奉命入藏采访

奉命入藏采访　奉命入藏采访

奉命入藏采访

“要像爱护眼睛一样爱护照相机”，这个战时的深刻教训，直到今天我仍一直铭刻在心。

——蒙紫

奉命入藏采访

口述人：蒙紫　采访：张宇 高初　时间：2009年7月8日　地点：北京酒仙桥

蒙紫，祖籍安徽省凤阳县，1933年11月生于湖北省郧西县。1949年考入中南军政大学广西分校。1950年8月在中国人民解放军第63军政治部从事摄影工作。1951年2月至1953年12月参加抗美援朝战争。1959年参加西藏平叛采访。1958年初，调解放军总政治部，任《解放军画报》社记者。1979年初，调中国旅游出版社任编辑室主任等职。曾出席第三、四届全国文学艺术工作者代表大会，曾任中国摄影家协会理事。

我的经历就是跑的地方多

记者：蒙紫老师您好，我们看您的简历，您祖籍安徽凤阳，出生在湖北，后来怎么到广西去读书了？

蒙紫：我这个人的经历就是跑的地方多，光上学就换过不少地方。我在湖南上的小学，在四川也上过小学，中学主要是在湖南和江西南昌，在桂林也读了一段时间。

原因就是我小时候跟着我父亲。我父亲原来是教书的，大概也有点家庭矛盾，北伐的时候投笔从戎，之后改学会计，后来就一直从事会计工作。在国民党部队里面也做会计工作，他跟着部队走，所以我跟着他跑了很多地方，小学、中学都不稳定，一直到了桂林才稳定下来。我是1949年11月份在桂林参加中国人民解放军的，12月进了中南军政大学广西分校。

记者：当时主要学习什么课程？

蒙紫：那个时候，军政大学的校长是林彪，当时学习政治，还有一点军事课，时间不长，12月份开学的，到1950年7、8月份我们就分到部队了。

像爱护眼睛一样爱护照相机

记者：分到部队做什么工作呢？

蒙紫：我被分配到杨得志司令员所在的19兵团。分到部队后部队看我年纪比较小，我们一部分学生被派去做文化教员，到连队教战士们学文化。我们几个年纪比较小的，那时候也都是才十六七岁，分配来搞摄影，就这样接触了摄影。那时我对摄影是一片空白，和同学任正宝合用一部在抗战中缴获的老式德国折叠式相机，没有自动距离，没有曝光设备。我的老师孟庆彪以他熟练的基本功，严格、耐心地教我们如何目测距离。然后用绳子丈量，日复一日，使我们得到了锻炼。他还根据季节、气候和各种条件下的光线处理，曝光指数总结了一套切实可行的方法，使我们受益匪浅。至今，我那些利用光线、抢时间选角度拍摄的作品，都是凭借过去练就的基本功完成的。起初，我们对这台相机十分珍惜。即使这样，在一次行军过程中，相机还是丢了，幸亏在部队原驻地又找到了。为此我反复做了3次检查，保证要像“爱护眼睛一样爱护照相机”，这个战时的深刻教训直到今天我仍铭刻在心。朝鲜战争结束以后，我跟着部队回来，1953年到了石家庄，因为是属于华北的部队，我们就在石家庄、邯郸这一带住了有两三年吧。其间我拍了很多部队的专题。

1958年初，我被调入《解放军画报》。

奉命入藏采访

记者：到画报社不久，您就去了西藏？

蒙紫：1959年初，西藏上层反动集团撕毁了中央人民政府和西藏地方政府签订的《和平解放西藏协议》，发动武装叛乱，被我人民解放军驻藏部队迅速平定。3月10日，我奉命赶往西藏随军采访。

记者：当时您是怎么进藏的？

蒙紫：我们搭的是洪学智给西藏送慰问品的一架专机，有我，有《解放军报》的，还有一

◀军民鱼水情。
日喀则年楚河 1959年

个作家，一共有五六个人吧，我们一块坐飞机去的。

记者：你们去的时候，拉萨是什么样一个情况？

蒙紫：当时叛军的主力在拉萨，叛乱虽然被迅速平定，但是，这些被打散了的叛匪能量也很大。也经常打游击，打伏击，进行破坏。

农奴梁嘎的新生

记者：平叛后，民主改革就开始了？

《梁嘎的新生》组照
拉萨 1959年

蒙紫：1959年，平叛以后民主改革就陆续开始了，有的稍微早一点，有的稍微晚一点。因为农奴主分几个层次，一种是叛乱了的，他自己宣布叛乱了，他有武器，这些呢，部队就镇压了，有的抓起来了，枪毙的很少。有的呢，看到大势已去，他们没有参加叛乱，就卷起包袱跑了。我拍了一个农奴主，他霸占了一个十八九岁的女孩，他60多岁了，叛乱的时候，他卷了一些值钱的东西就跑了，以后被我们抓回来了。因为他没有什么对抗行为，让他劳动改造了一段时间就给放了，我去拍照的时候，他劳动改造刚出来。

记者：当时拉萨居民的情况怎样？

蒙紫：叛乱迅速平定后，拉萨的街头不是很平稳。西藏首府拉萨是叛乱的中心，采访中我了解到，叛乱集团在各地破坏交通，劫掠财物，奸淫烧杀，破坏历史古迹，就连拥有1300多年历史的大昭寺也没能幸免。西藏广大僧俗群众对反动集团的倒行逆施极为愤慨，强烈要求并支持解放军的平叛行动。叛乱平定后，拉萨市随即恢复了正常秩序，市民们在街上见面或遇到藏汉干部时，都高兴地互道“扎西德拉”（吉祥如意），表现出了从灾难中被解放出来的喜悦。与此同时，政府也在积极为失业者安排工作，给贫苦市民发放救济粮，被毁坏的寺庙也被全面修整和粉刷。随着春天的到来，拉萨郊区的藏族同胞也在政府和解放军的支持和帮助下，开始了春耕生产。

在拉萨，我结识了梁嘎一家。梁嘎原是黑河牧区的藏族牧民，18岁那年，为了寻求幸福，带着怀身孕的年轻妻子来到拉萨。当时拉萨正是邪恶势力当道之时，反动贵族胡作非为，“贱民”们过着非人的生活，梁嘎住进了贫民窟。10年后，在一次天花流行中，梁嘎的妻子和4个女儿在一个月内先后被夺去了生命，梁嘎的生活陷入了极度悲苦之中。后来，他同一个有3个孩子的妇女结了婚。但在西藏上层反动分子的阻挠和压迫下，梁嘎一家的生活仍是困苦不堪，依然住在贫民窟的破帐篷里靠出卖体力和要饭为生。平叛胜利后，梁嘎分到了房子，搬出了贫民窟，大儿子和二儿子当了工人，梁嘎第一次有了自己的土地和农具。他的经历深深地打动着我，经过几次采访，我完成了《梁嘎的新生》专题采访报道。

记者：您还采访过类似的选题？

蒙紫：在山南地区的泽当我还采访了“朗生”波则一家。波则家是几代的“朗生”（农奴），波则和他的老伴、5个闺女也都是“朗生”，是西藏社会地位最低、生活条件最苦的农奴。波则被农奴主卖到泽当安觉寺，成了寺里管家的奴仆。“朗生”永远是牛马，没有房子、土地和人身自由。波则的第三个女儿杨津和青年农奴赤勒结了婚，农奴主硬把怀了孕的杨津拉走，送给了另一个农奴主。波则偷偷打发杨津和赤勒逃跑，农奴主无端制造了一个所谓“私通汉人和解放军”的罪名，捣毁了波则的住屋，抢走了所有的物品。平定叛乱后，“朗生”波则一家得救了，杨津生下了一个胖娃娃。全家商量，给这个第一代自由的娃娃取名“尼玛”——太阳的意思，以此表达共产党、解放军像太阳一样，照亮了他们全家的幸福之路。

目睹西藏新生活

记者：这次去西藏采访，您待了多长时间？

蒙紫：不到一年。我进藏以后，起初是随着部队追叛匪，后来一直追到藏南。叛乱平定后，我就端着相机拍摄西藏的民主改革，亲眼目睹了西藏人民开始的新生活。

记者：那您前后应该跑过西藏不少地方？都用相机记录了吗？

赤勒（左）和杨津（右）坚贞不渝的爱情，终于迎来了女儿尼玛的诞生。
山南地区 1959年

新房落成时，按藏族风俗，解放军送上一桶清水。
山南地区 1959年

古桑来春的丈夫几年前被贵族折磨死，如今，她的双生子终于见到阳光。
山南地区 1959年

蒙紫：从拉萨到藏南、藏北牧区，我都跑了。日子过得挺快，等我快离开西藏的时候，青稞都熟透了。从农奴制度下解放出来的藏族同胞，响亮地欢呼着“谁种谁收”的口号，愉快地唱着歌，收割着自己播种的青稞。我在一个有着32户农奴的庄园里采访，以《金色的秋天》为题，用一组照片记录了他们的第一个丰收年。我还与蓝志贵、范士林等同事先后以《山南的早晨》、《在美丽的藏北牧区》等为题，报道了这两个地区发生的深刻变化。后藏地区的日喀则，我也去了。我采访拍摄已建立了5年的“解放新村”。新村坐落在年楚河旁，原是一个贫民窟。1954年夏，洪水卷走了他们的帐篷，淹没了他们最后一点立足之地。驻日喀则的解放军帮助他们建起了一批新房子，这里住进了48户人家。政府帮助手工业工人重新组织了生产，给从事农业的人分配了土地，办起学校。1959年，我来到这里的时候，这个村的人口差不多增加了三分之一，我们采访时看到的是一片欣欣向荣的景象。在江孜和西藏的亚东，我还采访报道了当年抗击英国殖民侵略的遗址和解放军助民生产的事迹。在西藏，提起川藏、青藏公路，备受广大僧侣群众的称赞。当年毛泽东主席亲自为筑路部队和民工题词：“为了帮助兄弟民族，不怕困难，努力筑路！”公路建成后，藏族同胞称颂公路在北京和拉萨之间“架起了幸福的彩虹”。为此，我专门采访了藏北高原上出色的兵站之一——青海公路上的当雄兵站，当时曾有

给藏族儿童理发。拉萨 1959年

波则感激解放军。
山南地区 1959年

左下图：解放军帮助波则一家把被叛匪捣毁的房子修好。山南地区 1959年

右下图：发放救济粮。
山南地区 1959年

欢度青年节的藏族青年。
拉萨 1959年

欢乐的节日。拉萨 1959年

驻守在喜马拉雅山上的解放军某连队的卫生员，为春丕谷的藏族孩子注射预防病毒感染的针剂，以保护藏族儿童的健康。1959年

一个快板儿这样称颂当雄兵站：走遍青藏路，站站如到家；要数当雄站，更是站中花。

记者：您这一时期拍摄的给藏族儿童理发的照片流传很广。

蒙紫：我在拉萨采访，耳闻目睹驻藏人民解放军和藏族同胞亲如一家的鱼水关系，总想用照相机反映这一题材。4月中旬的一天，我骑车去拉萨郊区的连队采访，恰逢全连帮助藏胞春耕播种去了，只留下一个班长和通讯员值班，屋子里面挤满了一群藏族农奴的孩子，他们和班长说笑着，做着各种可爱的"鬼脸"。当我得知这些孩子是来找解放军叔叔理发时，顿时心里一亮，这正是我要寻找的题材啊！于是我和班长商量，把临时理发店安排在房后的"林卡"（公园的意思）里。为了消除孩子们的陌生感，我又拿出另一台备用照相机，让孩子们轮流体验，他们把我当成了老熟人，在拍摄时，也就不那么紧张和拘束了。为了能使画面更生动，我采用仰拍的角度，距离人物很近，不但主题突出，画面的表现力也增强了。照片曾发表在1959年12月14日的《人民日报》上，记得陈涛同志还特地为它配了首诗。

记者：您怎么评价自己在西藏的这段日子？

蒙紫：回顾50年前的西藏采访，是我继抗美援朝战争后，自己工作上的又一次新的尝试和探索，它为我上了一堂生动而深刻的社会课、民族课，使我对西藏的历史和现状有了更多了解。

喜马拉雅山的原始森林。
1959年

许安宁

西藏八年 西藏八年

西藏八年

西藏八年

那时候如果有一个人商量着来，好好地拍就好了，那时候太苦了，生存第一位。

我这一辈子没白过，西藏确实了不起，去了以后觉得没有白去，如果不去，那就太亏了。

——许安宁

西藏八年

口述人：许安宁　采访人：刘彬　时间：2009年7月3日　地点：北京静安庄

许安宁，1934年生于江苏；1949年参军，任宣传员；1950年4月作为18军进军西藏先遣队宣传员随一支200余人的队伍先行进入拉萨；1951年初进入阿里；1952年底回到拉萨；1959年调任《中俄友好》杂志记者。随后在中国摄影家协会、中国旅游出版社等单位工作。

1950年7月21日，我军进藏途中，受到当地人民的欢迎。

因为我有一定程度的文化，就去当记者了

记者：很遗憾，我没有查找到您的任何资料，在一些入藏的书籍中，除了您的名字，没有任何信息，能简单介绍一下您早期的经历吗？

许安宁：我1934年出生的，十五六岁参军。因为读过一些书，所以不到半年就做了宣传队员，又过了几个月，我就被选到军里面的摄影组。

记者：家里面的条件怎么样？

许安宁：我父亲是一个国民党高级军官。那时候，父亲考虑到局势，决定把我和我哥哥送走，我跟哥哥一商量，还是参加解放军吧。在部队里，我们当时就算是有文化的了，宣传队留着我舍不得放，因为我有一定的文化程度，最后还是到了18军政治部当了记者。

记者：做摄影员是吗？

许安宁：对，摄影员就要跟首长经常在一起，首长要干什么，你要知道。他们都叫我小许，很亲的。

记者：什么时候开始接触到相机？

许安宁：那是成都战役之前，打了宋希濂部队以后缴获了一个，到乐山不几天就交公了。

记者：那是第一次拿到相机？

许安宁：嗯。后来相机就是几个人一台嘛。那个时候我们这些人土，但也真不简单。因为我们都知道三步两米，我们搞得很熟啊，拿到手上我们目测的距离没有不准的，拍的照片都还可以。照片啊，你首先要拍清楚，如果虚了，再好也没用。所以呢，第一条，我们要把距离找准。

记者：那光圈、速度怎么控制呢？

许安宁：预先调好。

记者：有没有考虑如何构图？

许安宁：构图就靠自己的心得了，平常你对一个事物，你看这个照片，如果想往这边挪一点，这就构图好一点，那就完全看自己了。经验要多，你拍的少了就不行了。

记者：当时在先遣队里不是您一个人摄影，胶卷没有了怎么办呢？

许安宁：这个是我最担心的。胶卷来之不易啊，没有胶卷你完不成任务怎么办？所以我就舍不得胶卷。晚上要想自己看一看那个胶卷拍得怎么样，又害怕冲坏了怎么办。

记者：所以一直也不敢冲？

许安宁：不敢冲。

记者：也没有药水吧？

许安宁：都得自己配。这没有什么难的。

记者：是谁教您呢？

许安宁：不用教都已经学会了。

记者：在哪儿学的？

许安宁：在湖南长岭我们成立摄影组织的时候。

每张照片我都记着

记者：是什么样的机缘让您进入了西藏？

许安宁：1950年，我当时在18军，当时我们在西南地区打了那么长时间仗，大家都以为会就此安顿下来了。没想到，西南军区突然接到毛泽东主席的命令，18军要进藏。当时我们都懵了，当时的西藏，我们叫吐蕃啊，蛮荒之地。当时心想，此生完蛋了，就在那儿了。但是那时候就是服从命令，一切行动听指挥。

记者：您作为宣传人员去的？

许安宁：对，决定派我作为先遣队成员，才给一个照相机。

记者：什么时候入藏了？

许安宁：我们是4月份开始去西藏的。

记者：你们如何进藏？有多少人？

许安宁：我们首批一起进入的是18军进军西藏先遣队，跟我们的是军区副政委王其梅，他是进藏先遣队的政治委员。当时200多人，有十来个文艺兵，人去多了吃饭没有保证。自己背一个粮袋，我们的身上很简单，一支小步枪，一支手枪。我当时背着一个康泰斯老式相机，现在还保留着呢，是执行先遣任务时才发到我手上的。从西康过去那就是雅安、康定，过金沙

藏胞为我渡江大军赶制牛皮船和木筏。1950年

江，经昌都进藏。

记者：先遣队当时进去的主要目的是什么呢？

许安宁：就是一种威慑。后来，我们的军长张国华很快就带着155团，整个就上去了。当时我们也有个信念，觉得不管怎么样，全国都解放了，觉得有盼头。

记者：当时为什么选择您去先遣队呢？

许安宁：那我不知道。

记者：您带了多少胶卷？

许安宁：有3卷胶卷。每拍一张照片我都记着。

记者：这3个胶卷您用了多久呀？

许安宁：到了昌都还没用完呢，过金沙江就没了。

记者：您用这些胶卷主要拍了什么画面呢？

许安宁：藏军第九代本起义，往那儿一放就拍这些东西，然后渡江，乘坐牛皮船，就拍这些东西。

记者：随身东西多吗？

许安宁：东西少得不能再少了。我就是一个米袋，一个皮带，皮带上面一个碗兜，里面就是一个碗，还有一床薄被子。我们进藏的前一两年，走了几个地方，很少洗脸，没有水啊，很少刷牙。这也奇怪，一般人很少生病的。但是就怕过山，你山上一过，有时候天突然变了，坏了，你得赶紧下山，要不高原反应就来了，有时候鼻子出血，连马都出血。

记者：高原反应很严重吗？

许安宁：对。有的上山以后，突然就倒在地下，能带就带走，不能带走的时候，也得赶紧走，就把人名儿往那儿一搁。渡江的时候就是这样：死了就是死了，完了往上交一个名单。我跟着九连连长，还有七连的一个副排长，他们就在我身边死的。就是在那样的情况下，我们的战士还要立功。藏兵呢，他们都是嘎厦政府所利用的农奴，让他们当兵，他们战斗力差，穷得要死，可怜得要死。

记者：那走了多久呢？

许安宁：我记得是将近一个半月到两个月的时间。我们到二郎山崖口的时候，

茶树山藏胞支援我军渡江船只中的两名积极分子——格松策仁、龙介，他们每天能破桨叶百支。1950年

下着大雪，一会儿，就感觉到有高山反应。雀儿山更高了。我们都是从平原过去的。到了二郎山感觉到受不了了，海拔越来越高。

那里人烟稀少，雅安，巴塘，西康，都是无人区。过去长征的时候，那些草地啊，就挨着那些地方。后来我们到康定休整了一两天，去搞炒米，灌米袋。后来搞定的那个叫蛋黄蜡，就是把鸡蛋加些什么东西做成大拇指这么粗的，弄一个罐子，大约十几根一个罐头，像蜡烛一样。弄一点稀释，在嘴里它就化了；还有代饭粉，里面有玉米面，还有一点营养品，有一点炒面搞在一起，这些粮食都很管用。

我们有个大军锅，傍晚搭了帐篷以后大家就去捡牛粪，野菜，有时候野菜比木耳还好吃呢。后来又没吃的了，很困难了。到了金沙江边上，我们休整了大概有一个多月，主要是为了渡船。那时候都是用羊皮船，金沙江水流急，牛皮船棱角少。

金沙江两岸都是陡峭的山，我们过去以后，都是爬啊，没有路。爬着爬着，就黑了，天黑了以后很难走了，弄不好一脚踏空就掉下去了。

记者：您进藏的时候遇到藏兵没有？

许安宁：藏兵并不可怕，他们没有战斗力，他们都是农奴，自己也够可怜的。我们去解放他们，但是我们不知道西藏何年何月能解放，我们什么时候能够出来啊？战士们就是心里没底。

记者：进去的时候农奴怎么看你们呢？

许安宁：他们盼望，但是也在疑惑，看不清楚到底是怎么回事，到底解放军怎么样。直到平复叛乱以后，他们才觉得人民解放军是好样的。

西藏必定要来的

记者：那时候您的处境非常危险吗？

许安宁：我们出差的时候从拉萨到某个地方，你就得注意，前面有战士被打倒了，或者我们的车被打坏了，翻车了，但是找不到人。他们的枪法准，打我们黑枪。

记者：能讲讲您那时候部队的生活吗？

许安宁：晚上基本上是和衣而睡，枪不离身，很少说是舒舒服服。除非是过年，发白面，自己和一和，伙房弄点馅，每个班打上馅回来集体包饺子。把面都给你发到你那儿，你就拿面和，自己找地方和，然后这就叫做过年过节，没有别的什么。红烧肉没吃过，就喝酥油，我们在西藏喝的那个呀，脏得一抓就是一撮牛毛。我们那个时候的抵抗力特别强，我现在还老喝酥油茶，因为真的好喝。

记者：到了西藏以后怎么开展工作？

许安宁：到了驻地，一般都去放牛啊，捡柴啊，去就是弄干牛粪回来烧。

记者：您去参加过藏人的这些聚会吗？

许安宁：参加过。我们去了以后就感觉到很惊讶，上层社会像达赖喇嘛的亲戚，他们家里非常西化。他们依靠农奴背东西，从西藏的南边，从印度和尼泊尔往拉萨背到家里。他们的帐篷漂亮极了，像小洋房，那些奶茶啥的，我们见都没见过。

记者：进入西藏以后拍了些什么照片？

许安宁：那时候就觉得好像什么都新鲜。但就是没有胶卷，没有胶卷你拍什么？ 拍一张手都哆嗦，不能拍了，买不到胶卷，那时候哪有那么多呀。

在康安龙王塘集会上（藏民8月初于此集合跳舞），藏胞妇女自动向群众宣传中央人民政府政策。1950年

记者：进入西藏以后有没有觉得西藏很漂亮，想拍一些照片？

许安宁：那个时候没有感觉到。和平解放西藏“十七条协议”出来，我们到拉萨，然后飞机准备通行了，青藏公路正在紧张施工，那时候才觉得西藏确实很漂亮。感觉到西藏如果真的像这样建设下去，真的有希望。

记者：您到那儿以后的主要工作有哪些？

许安宁：我们就是下部队，到连队去报道连队的新生活，鼓舞士气。

记者：做报纸？

许安宁：我们不光是报纸，没有报纸之前我们就印照片，印小照片，多大尺寸我们就印多大，印出来编排一下就送到部队了。战士晚上洗脚没有水怎么办？我们挖一个坑，用那个帐篷布或者是雨衣往那儿一垫，上面倒上热水，然后大家你做一个我做一个，一块儿洗个脚，这些我们就照下来，战士一看还挺有意思。

记者：那个时候您的胶卷是哪来的？

许安宁：胶卷有时候在敌占区买的。我经过领导批准，在西藏拿着150块大洋，买了一个尼康泰仕。

记者：您那时候在大街上都偷拍？

许安宁：全都是这样的，你怕他们干预，实际上没人干预，西藏人对拍照片根本就不管，他们自己也拍。

记者：当时您自己是不是也摸索了一套拍摄的方法出来？

许安宁：反正有一条，不能漏拍，遇到什么事你都应该拍，比如说西藏到最后解放了，农奴翻身了，那个时候是很重要的时刻。

记者：您进到那儿以后是否想过，可能自己一辈子都要在这儿？

许安宁：当时讲要长期进藏，要建设西藏，哪有说一辈子不回来，又不是西藏人。

我当时真不知道阿里是什么地方

记者：您去阿里是什么时候？

许安宁：1951年去阿里了。我下连队回来以后，还没有落脚就派我去阿里，我当时真不知道阿里是什么地方。我们一共3个人，走了两个月，一个侦察参谋，一个勤务兵，我们3个人带着枪，骑马过去的。马让狼啃了好几口，晚上那个狼眼睛睁得像灯一样，我们搭好帐篷以后，东西南北四个方向一面一杆枪，然后挂上红布。狼是最怕红的。我们还在帐篷前面烧牛粪，狼怕火。

狼真可怕，我还是第一次看见狼，那个时候我们三个人就说，被这狼吃了多可怕。结果没想到，狼有很多弱点，弱点太多了。

记者：你们咋发现它的弱点的？

许安宁：听人说我们半信半疑，就试试看，比如说晚上打枪，挂红布，烧火，这都是试验，结果果真如此。

记者：您那个时候去的时候，是带了多少匹马去的？

许安宁：我带了11匹，驮它们自己吃的，就是马自己吃的那点粮，还有我们自己吃的。

记者：马带过去的东西能用多久呢？

许安宁：用不了多久，因为马不能多驮，就是一些青稞。一些马的屁股都被狼啃掉了。这些粮食吃了不到半个月，后来我们打野马为生。

记者：当时行程是走到阿里去，怎么落脚？

许安宁：晚上搭一个小帐篷。

记者：你们去的时候也没有部队？

许安宁：没有，那时候西藏叛乱不是早就完了吗？整个的西藏就像阿里那样，是比较安

左图：我进军西藏部队路经巴塘与当地组织代表会晤。1950年8月

右图：我工兵部队积极抢修理化木桥，保障进军部队顺利通过。1950年

全的。最多就是你要一个人带着枪，怕被抢了。

记者：就这样走进阿里，那住到里面的时候怎么办？

许安宁：里面有一个骑兵支队，它有一个供应组，供应组是收各个连队打死送去的黄羊，他们再让战士领走。

记者：那里和拉萨不一样？

许安宁：那里平均海拔将近5000米，生活条件更苦，我认为是全中国最苦的地方。根本没有房子，几乎没有人烟。我们去，它那部队搞了一个叫阿里骑兵支队，在那儿搞的一个小部队，小圈子，里面搞了一些帐篷，也盖了几间房子，团的、支队首长的房子。我们就住在很简单的帐篷里，我们自己可以在那儿。饮食就是黄羊肉。

慰问高原的战士。1950年

记者：在那里生活了多久？

许安宁：将近两年，我回来的时候是1954年的12月了。我们在那儿一天到晚就是早上大会操，星期六大会操，平常每天早上起来就跑操，跑操完了以后打水，打饭，都是军事生活嘛。然后学习，学习党章，然后这一天混混就没了，熄灯号一吹，对不起，都得睡觉。

回到日喀则时看上去，那简直就像是土匪，脸黑的，身上都是乱七八糟的，人家问这是从哪儿来的，我们说我们从阿里回来的。我回来第二天就是青藏公路通车，我就加入到采访队列了。

记者：那时候生活那么苦，有比较快乐的地方吗？

许安宁：我们就那样，气都喘不过来还打排球，没有别的，人就是那样。

记者：1954年12月回来以后呢？

许安宁：当时新疆军区和西藏军区已经同意我可以回来了。回来还是下部队，西藏的那些地区，都有部队驻扎，得经常下部队。

胶卷有时候交给别人，有时候弄丢了

记者：胶卷从哪里买来？

许安宁：当时西藏有尼泊尔商人和印度商人，我们的军需有时会通过社会部找尼泊尔商人或者印度商人去买，然后分配给我们。

记者：您在西藏的那段时间，主要记录了什么？

许安宁：拍点风光，到斯拉斯加等地方拍那些女人背水桶，水桶很难背，也就拍过那么一两次。

记者：您那个时候也拍了他们的生活？

许安宁：拍了，躲着拍的，另外就是拍街头巷尾的那些农奴。

记者：这些胶卷，您都是通过军队的人呀汽车队呀把它带出来对吧？

许安宁：对，带出来，有时候交给别人，有时候弄丢了。

记者：您拍的西藏早期的照片有留下的吗？

许安宁：没办法留，都给《解放军画报》了，我们没有能力冲印。你那胶卷用了多少你得交回多少，那是没有办法的。

记者：您在西藏没有冲胶卷？

许安宁：不敢，怕冲坏，当然也冲过，但是效果不好。

记者：当时您发表在《四川画报》的那些照片呢？

许安宁：那就是西南军区，西南军区那个时候有一个摄影科，裴植他们，就是给《西南画报》送稿件，当时用了不少。刚才我给你看的那些战争片子，都是《西南画报》上的，那时候就是他们还保留了一批。

记者：现在《西南画报》还有吗？

许安宁：《西南画报》早就关闭了，重庆西南军区撤销以后，就没了，但是他们的资料如果不是上交给了《解放军画报》，就是他们自己通过什么渠道，还保留着，反正这个资料会有的。

每一张照片都付出了代价

记者：您离开西藏的时候是什么感受呢？

康定附近东俄洛村人民送酥油给军人家属表示慰问。1950年

许安宁：1959年，当时感受就觉得再不要回来了，这是老实话，太苦了，真的受够了。

记者：您现在家里保留的主要还是回北京以后的照片？

许安宁：这些都保留下来了，一箱子，我儿子说，都是宝贝。现在想想，那每一张照片都付出了代价。

记者：尤其西藏的时候，都是用命换来的。

许安宁：那个时候自己不觉得有什么。

记者：有什么觉得很遗憾的？

许安宁：我就觉得，那时候如果有一个人商量着来，好好地拍就好了。那时候太苦了，生存第一位。现在想想，觉得拍得还是少了。要有胶卷的话，那不得了，谁不想多拍啊，不敢拍啊。下一个你万一遇到了什么重要的事，胶卷没有了，你怎么办？

记者：后来您还回了几次西藏？

许安宁：我回去过两次，一次是1985年。我随着国家旅游局去的。

记者：感觉怎么样？

许安宁：西藏变化太大了，这是我们党和国家对藏民族政策的硕果。

记者：您有没有觉得您自己经历的这段历史很重要？

许安宁：很重要，我就说了，只此一次也就够了，心里面总觉得我这一辈子没白过，总觉得西藏确实了不起。你去了以后，觉得没有白去，我现在感觉，如果不去，那太亏了。但是，我现在感到够了，也不能再去了。

进军西藏部队行军途中缺少洗脚盆，战士们就在地下挖坑铺上油布代替。1950年

进军西藏部队行进在雪山之间。1950年

我军干部在巴塘向藏胞散发藏文标语。 1950年

宁静城的藏胞用犁牛支援我
军运输物资。1950年

我军入藏先遣支队在巴塘修筑道路。1950年

昌都战役中，藏军第九代本排以上军官和我军某部首长合影。1950年

发给起义的藏军第九代本官兵薪金。1950年

巴塘地区的藏民在离巴塘30多
里的水磨沟伐木，赶制船只。
1950年

刘铁生

任何一张照片都是永不生锈的炮弹

任何一张照片都是永不生锈的炮弹

西藏是艰苦的，缺氧，生存环境恶劣，我生活的那个年代（二十世纪六七十年代），人们谈藏色变。可是艰苦磨砺中，我热爱西藏，热爱西藏人民。西藏给我意志，给我精神，给我对祖国真诚奉献的机会。作为一名军事记者，以影像记录战争，镌刻了那个时代的年轮，应该是无价的。

——刘铁生

任何一张照片都是永不生锈的炮弹

口述人：刘铁生　采访 张宇 高初　时间：2009年7月30日　地点：北京《解放军报》社

刘铁生，1942年12月出生于湖南长沙。大校军衔。曾任《解放军画报》社副社长，《解放军报》高级记者，中国摄影家协会常务理事。2006年荣获第七届中国摄影金像奖理论奖。

青年时代，作为战地记者，他在中印边境、中越边境，以摄影记录炮火硝烟；双脚踏遍帕米尔、念青唐古拉、冈底斯、喜马拉雅等高山大川，与险峻伟岸的极地为伍。他镜头中那神奇的雪域高原，既有冰峰雪岭戍边战士的风采，又有令人震撼的边境战地纪实，更有藏民族的人文记录和雄浑壮美的极地风光。

珠峰绒布冰川。1970年

投笔从戎

刘铁生在西藏采访留影。1965年

记者：刘老师，您好。给我们介绍一下您投笔从戎的经历。

刘铁生：我从湖南师范学院附中毕业，然后上湖南株洲航校，这个学校不是训练飞行员的，是制造飞机的专业学校。

记者：飞机制造专业，是您自己选择的？

刘铁生：不是自己的选择，那时要进这个学校，必须成份可靠，方方面面条件都非常棒才行。航空专业在当年还是非常现代化的，也是非常稀缺的一个行业。

记者：从航校毕业之后呢？

刘铁生：我被分配到成都某飞机制造厂。当时工厂里冷冷清清的，处于一个调整期。这个时候中苏关系出现了麻烦，苏联的专家要撤走，我国的航空工业面临着一个非常艰难的调整阶段。

记者：这个时期，您的感受是怎样的？

刘铁生：在工作初期，我没有感受到祖国航空工业的兴旺发达，更多的感触就是国家面临工业的衰落和农村的饥荒灾害。在那样一个环境里，看到很多人面黄肌瘦，看到很多人为了填饱肚子，去挖野菜，那是我们的国家民族最痛苦的一个阶段。

记者：您到部队有什么机缘？

刘铁生：正儿八经是部队招兵，驻西藏边防部队招兵。在我的思想意识里，边防特别神秘，西藏边防，有一种山高路远的感觉，年轻人嘛，有一种探索的心理；另外更重要的，是把自己的生命和国家的命运联系在一起，当时的西藏边境很不平静，有献身于国防的想法。这种感觉不是非常自觉，形容不上来，可心里明白它意味着什么，就毫不犹豫地参军了。

记者：部队是在西藏？

刘铁生：西藏军区。

记者：之前对西藏了解吗？

刘铁生：如果说有点感觉的话，西藏对我来说意味着那里是边境。真正去的时候，冥冥中有一种感觉，到西天取经去，道路非常艰险，唐僧取经遇到多少大自然的阻挠，西藏高原上更是如此。当时还不像现在，柏油路，有自己的汽车，我进藏坐的是淮海战役时缴获的美国道奇车。

记者：这些艰难是去之前没有想到的吧？

刘铁生：有心理准备。去西藏首先面临的就是要吃苦，你要面对恶劣的气候，要面对恶劣的生活环境，高原缺氧那是不可逆转的，所以在藏18年，我的心脏有了变化。但是我从来没有埋怨过，反倒认为这是我生命力的彰显，我的生命力非常强大。空气稀薄，高原缺氧，我都过来了。刚进藏的时候，你必须面对生活关和气候关，更重要的一个，你还要有一种强烈的使命感，要有心理准备，因为你参军到了部队，可能让你守边防，也有可能让你在哨卡里当战士。

记者：您最初到部队，是怎么安排的？

刘铁生：我起初当汽车兵。我可能有点不同一般人，因为在当时，人们一直是想要当个技术兵，可我不是。我对技术不太追求。我记得第一次上教练场的时候，我们的教练不少是延安汽车队留下来的，训练中旧的习气很浓。因为有一点文化，我就给他们讲古田会议，讲单纯的军事观点和纠正党内的错误思想。你让我当什么兵都可以，恰恰大家都迫切喜爱当的，我不是太渴求。就是这样，汽车兵期间，在高原跑了三万多公里，这真是意外收获。

在那个时代，汽车兵还是非常棒的技术兵种。因为我有些文化吧，很快就到部队做文化工作，像文书啊、书记啊这一类工作。1965年，全国的青年业余文学创作积极分子会议，我被选为部队的代表到北京开会。我记得参加全国青年业余文学创作会议，解放军代表团的团长是部队作家胡奇，他创作的《五彩路》是西藏题材，很有名气。我们交谈了，他问"你去过扎木吗？"我说，"我怎么没去过？"他说："我当年就在那儿，那时叛匪刚走，房子被烧尽以后，那个瓦砾，木头还冒着烟。"我就说："房子烧尽了以后，我紧接着就进去了，我在那儿捡木头底下留下来的钉子，为我们部队建设添砖加瓦。"谈起战争趣事，我和他都笑了。

选择摄影记录西藏边防

记者：后来是怎么从事摄影的？

刘铁生：我去西藏的时候，百万翻身农奴刚好经过民主改革，边境斗争也非常复杂。当时总政要求，所有的边防、海防的都面临着一个实地记录边境斗争的影像工作，提出来要培养电影、摄影记录者。当时就选派我作为一个电影摄影员，我没有答应，因为我身体条件不适合扛摄像机。我就选了用摄影来记录一切。其实在这个过程中，我差点又走上别的专业技术的道路。什么专业技术道路呢？我被部队的有关部门选中，去当军事参谋。最终，我还是选择了用摄影记录中国的军事，记录西藏边防的斗争。

记者：您怎么拒绝部队让您做电影摄影员的要求呢？

刘铁生：没有拒绝，我只觉得拍电影我的体力不够，过去不是小的电影摄影机，都是那种大的，怕扛不动，那就照相嘛。

记者：您从接触摄影一开始，镜头就对准了我们的边防？

刘铁生：确实如此，当时，主要在亚东山口拍照片。上级的命令是：你的任务就是拍摄边境斗争。今天回忆起那时，任何一张照片它都是永不生锈的炮弹，它体现了摄影者对祖国、对人民、对战士的一种忠诚。我记得当第一次跳出战壕的时候，害怕的感觉一点都没有，我脑子里就只有如何拍好照片，把任务完成。从前沿拍摄回到阵地，战士就紧紧地抱着我，说："刘记者真悬！"我说："悬什么？"他说："敌人所有的枪口都对准你了。"我说："那怎么办？"战士告诉我，我跳出去的那一刻，整个前沿阵地的枪口都伸出来了。为的是给敌人一个威慑。整个阵地进入紧急的战斗状态，敌人开火，我们就要开火，我就是那时的焦点，很可能毁于一旦。那都无所谓了。

执行任务的地方，那是5000多米的高地，一两米厚的雪，我当时穿着毛皮鞋，棉裤，两腿一并，哗，就下来2000多米。急着赶往拉萨发稿。那时，真还有些风华正茂的气概。

山脊上的对峙哨。
乃堆拉山口 1968年

一种意志，一种精神

记者：长期在边防拍摄，不觉得苦吗？

刘铁生：西藏是艰苦的，缺氧，生活环境差，我们那个时候更差，就那样一个年代嘛，西藏却给予我意志，给予我精神，给予我对国家真诚奉献的机会。而且非常宝贵的是我留下了这些影像。我觉得作为一个摄影人，作为一个军事记者，留下影像，能为时代记录什么，能阐述时代什么，这应该是最无价的。

记者：这一段具体是什么时期？

刘铁生：1968年。为了记录边境斗争，西藏所有的山口，哨卡，我骑牦牛，坐毛驴车，乘吉普车，用任何一种运输工具都有过。在那高山之巅，唐古拉，喜马拉雅，冈底斯留下我的脚印。

记者：值得骄傲，想必您也因此领略了绝美的藏地风光？

刘铁生：西藏非常壮丽，非常可爱。尤其你带着一种敬畏的情感走去，感受更深刻。当我来到珠穆朗玛峰的时候，走到六七千米的高度，当时我就想，人类为什么要登山？登山就是一种意志和精神的搏斗，它也是人类感受自然的一种非常近距离的活动，当我来到珠峰底下6000多米的绒布冰川时，我被那个壮美的景象震撼了，忘我的拍照，绒布冰川今天已经消融了。我拍的影像有意识或无意识地作为大自然变化的一种见证，一种影像见证，真难能可贵啊。而且这也体现出自己的一种精神，什么精神？就是登山的精神，就是意志、体力、耐力、精神的相互搏斗，是人和自然近距离接触的一种感受。所以我在一篇评论中，就引用了一个英国登山家的说法：为什么要登山？因为山在那里。山在那里就是拼搏，就是有一种意志，有一种精神在那里。

记者：听说您在西藏，还受过伤？

刘铁生：是的，那次我是去执行边防任务，也就是战斗任务，离开边防团的的时候，边防团的政委，就对我们的司机说，拿出语录来，前一段你跑得很好，毛主席教导我们说，"要戒骄戒躁，要谦虚谨慎，争取更大的胜利。"边防团政委为了行车安全的一席话，他不说还好，

墨脱的边防兵。1969年

司机心里正窝一肚子火，情绪一上来，开车不在状态，我们的车就翻了。当时，我跑出来了，其他人受了点轻伤，我把他们都安顿好，把小车弄到大车上，然后就返回边防站。第二天早上起来洗脸，就在泼水的时候，我的腰就直不起来了，一动都动不了了。当时就发了一个电报告诉军区，军区回了一个报，"我们这个军队具有一往无前的精神，只要还有一个人，就要继续战斗下去。"过去就是这样的，用毛主席语录表达意思。我当时有点生气，怎么解决这个矛盾呢？我说回一个电报给军区吧，"我们都是来自五湖四海，应该互相关心，互相帮助，互相爱护"，这也是毛主席语录。可是边防站不敢发，这是对上级的态度问题。我当时就说，我签字，发吧，就这样发了。那次受伤被鉴定为三等甲级伤残。这也是一个时代的印记啊！

走墨脱

记者：之前看您的部分作品，您当年还走过墨脱？去墨脱是哪一年？

刘铁生：我去的时候，大概在1968年、1969年，我应该是最早走进墨脱的，当然我夫人唐念祖也是较早走进墨脱的，她是《解放军画报》的记者，也是全国最早走进墨脱的女记者。《新华月报》专文刊载她走墨脱的事迹。特别感人。

记者：你们一起去的？

刘铁生：没有，各行其是。

结绳记事的僜人。察隅　1975年

我个人想，为什么大家都愿意在墨脱上做文章，因为它是全国唯一不通公路的县，要靠走才能进去，那只能说明一点，它道路艰险，它有什么蚂蟥区、原始森林等，还有它特别的地形。我个人觉得走墨脱的意义，更深层的一点，是那一块土地是我们的。生活在那里的门巴人，都是我们中华民族中间的一员，可能最深刻的意义还在这儿。并不是人们常常宣扬的，我走过墨脱，作为一种传奇。墨脱，我是每一步每一步丈量过来的，我是对边防战士和生活在那里的民族兄弟有一种强烈的情感。

记者：在那里也拍了不少照片？

刘铁生：应该有一些。我还做过这么一件事，睡在山洞里头，里面放着高压锅，放着米、盐，战士平时没有事，守在那里。那天我去了，我去了以后，至少年纪比他大吧，他就把床让给我睡，我说那不行，两个睡在一起吧。睡不着，两个人就聊天了，聊到什么程度？他把未婚妻的来信都给我看，然后叫我给她回信了。后来，他们真的喜结良缘了，这不是挺有趣的事嘛。所以我非常感谢我从业这么多年一直在军事记者的位置上，它正好验证了一句话，你走了万里路，更重要的，你读了不少人的人生过程。

当年手脚放不开，这是我对西藏摄影题材的遗憾

记者：那您怎样看待摄影的？

刘铁生：对整个的摄影来看，技巧当然是非常重要的，因为它是用科学的手段来表现客观，摄影更重要的则是体现摄影者的思维和摄影者的修养。到今天我还在拍片，我往往对摄影能够进行一些评价，其实每一个摄影者，就应该具备这样一种能力，当你拍它的时候，就知道为什么要拍，你要反映什么？这个思想高度出来了，就产生影像的解读吧。

记者：在西藏，您除了拍边防，也拍了一些反映藏民生活的，包括他们民族服饰、宗教文化的照片。作为一个军事记者，您是有意识地把您的镜头往这方面延伸，还是有别的考虑？

刘铁生：在这一点上，既有自己值得欣喜的一面，也有自己遗憾的一面。不论在什么位置上，都是围绕着记录社会，可是我在西藏的那一段，正是极左文艺思潮盛行的时候，所以我也被这样一种思潮所禁锢，手脚放不开，这是我对西藏题材的遗憾。假如说我能手脚放开，能够突破这一禁锢，可能记录的东西更多。我觉着西藏民族的文化是中华民族文化的重要组成部分，它丰富了中华民族文化，它的宗教、它的寺庙、它体现出来的方方面面，服饰、雕塑、绘画、建筑，这都是博大精深的。

藏汉民族血脉相连

记者：您从1960年参军进藏，在西藏待了18年，这18年里头，您和藏族人民是怎样一种感情？

刘铁生：你这个提得太好了。我拍过一张西藏藏医院院长强巴赤列的照片，他在西藏藏医领域是一个非常了不起的人物，是藏医院和藏医学的创始人，在国际上他的专著不少。我给他拍了一张照片，在藏民族药王像下给他拍的单人照，今年我有机会去西藏，又去拜访了他，就把当年给他拍的照片做了一个框子，送给了他。他现在已经双目失明，快90岁了，卧病在床。这一张照片，我为什么要送去？西藏这样的学者是值得我们敬重的，他是西藏文化的一种表

现。他知道我在西藏的情况，他对我说："你青年时代戍边西藏，把自己的青春和热血献给西藏，藏族人民记住你，你是藏族和汉族民族关系最好的一个体现。"我觉得这是对我西藏18年生活一个最高的奖励。

记者：您最早用哪种相机？

刘铁生：最早用的是那种捷克的小机器，绿色的壳子，可能现在都没有了。然后就是最老的林哈夫，后来就是禄莱F2.8的和F3.5的，最后用徕卡。西藏部队较早使用哈苏相机，为什么？我第一次上前线的时候，用的什么机器？玛米亚标准镜头105，是蛇腹皮框那种，你看那个镜头多窄啊。后来我就通过新华社给总理写了一封信。后来我们的政治部副主任挺有意思，有一次，他跟我说，铁生啊，你有意见就跟我们谈。我问怎么回事，我要跟你谈什么？他说总理已经批示我们了，要我们为战备买台好机器。我说对，是有那么回事。批了专款了，所以我们放大机是都斯特，照相机是哈苏，这可是相当不错的一流设备了。

可是器材到位后，我就到《解放军画报》社工作了，研究军史。对于纪实和风光摄影，我说纪实是江山，风光是美人，我既爱江山，也爱美人，互不排斥。我本人拍纪实作品比较多，对于摄影，最终要摆在摄影文化这样一个高度来认识。作为记录摄影，更要摆在历史和时代的前沿来认识，没有这个，将一事无成。

记者：您怎样评价自己的作品？

刘铁生：任何一个摄影记者，拍了任何作品，都不能归功于自己，它只是一种幸运，你把这种幸运抓住了，留下了影像，也为后面的历史留下了幸运，我觉得它就是个桥梁作用。创造真正历史的，还是那一句老话，历史是人民创造的。作为军事来说，是战士，是指挥员，我们只是记录。

著名藏医学者强巴赤列。
拉萨 1975年

雪域电话兵。
珠穆朗玛峰 1971年

地热湖。羊八井 1968年

推炮。1967年

盛装的牦牛。拉萨 1970年

少女。1970年

道班工人。滇藏公路 1970年

我的服饰多美丽。察隅 1968年

明亮的眸子。1973年

虔诚。1970年

开心。日喀则 1973年

骡马运输队。拉萨 1975年

扎西次登

西藏在我的镜头里

西藏在我的镜头里

西藏在我的镜头里

十一届三中全会这股春风，也吹到西藏来了，一切的一切好像都在发生大的变化，人们的思想也在解放。很多旧的观念发生了变化，所以在这么一个情况下，我自己好像也是身心全部有种解脱的感觉，确确实实是这样，能放开了，我可以发表我的一些观点，通过我的摄影，表达我的情感。

——扎西次登

西藏在我的镜头里

口述人：扎西次登 采访：杨大洲 整理：雷雨 时间：2009年7月28日 地点：拉萨

扎西次登，藏族，1945年8月出生于四川省甘孜藏族自治州理塘县。一级摄影师，1969年毕业于北京电影学院摄影系，曾任西藏自治区摄影家协会主席，中国摄影家协会副主席，现任中国摄影家协会顾问。

在西藏从事摄影工作30多年，拍摄了大量的作品，曾多次参加国内、国际摄影展，举办过个人摄影作品展，系列作品《藏族头饰》荣获1998年首届中国国际民俗摄影《人类贡献奖》年赛A组提名奖。曾举办个人摄影展览，出版有《扎西次登作品集》。

曾荣获西藏自治区优秀专家称号、西藏自治区首届珠穆朗玛文学艺术基金金像奖、享受国务院特殊津贴。

大昭寺门前。2003年冬

我的舅舅是我的第一个启蒙老师

记者：扎西老师，您从事摄影30多年，最早是怎么与摄影结缘的？

扎西次登：我与摄影结缘，其实得益于我舅舅。我舅舅计美·顿珠20世纪50年代初参加革命，已经去世好几年了。他作为20世纪50年代初藏族第一代电影摄影师之一，在解放西藏的时候，就随军进西藏参加工作。我的家乡是在四川省甘孜藏族自治州理塘县，1959年，我们家乡平息叛乱后，准备开始进行民主改革，就在这个时候，我舅舅到我们家乡拍片子，我记得拍的纪录片的名字叫《康巴人的新生》。

记者：我看过。

扎西次登：那个时候我年纪在十三四岁左右。我舅舅一个人到理塘县，我们家的小孩都非常喜欢我这个舅舅，舅舅选中我要我帮助他，经常给他打打反光板，扛扛三脚架什么的。

我曾经从他那台摄像机取景器里看了一下，觉得挺有意思的，通过取景器看世界好像觉得不太一样，这给我留下了很深刻的印象。所以从那以后我对摄影产生了兴趣。1959年我到北京，在中央民族学院附中上学，1965年中学毕业，毕业报考学校的时候，我就报了北京电影学院。

记者：因为曾经给您舅舅当过助手？

扎西次登：是。我在上学期间就非常喜欢绘画作品，也很喜欢读有关摄影的书。中学6年时间，我的摄影兴趣越来越浓厚了，1965年通过北京电影学院考试，我很幸运地考上了电影学院摄影系。

记者：也是当时最高的艺术殿堂了。

扎西次登：那个时候是最高的殿堂，那是咱们国家学摄影专业唯一的学校。我们那个班是新闻科教班，学习两年以后，就可能分到电影制片厂工作。但是"文化大革命"开始了，我和所有学生一样，大学学习就中断了。"文化大革命"几年工夫，专业基本上就丢掉了，也没有继续学习下去。我从电影学院毕业然后到部队接受再教育，回来以后一直就从事摄影工作。

记者：您认识摄影源于舅舅的摄像机，那西藏的摄影源于什么呢？

扎西次登：对于西藏摄影简史，曾经有报道说，自20世纪50年代解放军进军西藏开始。其实之前呢，20世纪二三十年代，西藏也有一批老摄影师，可能他们还不完全是有意识地去记录一些东西，有意识地去拍一些东西。这批老摄影师很多是当时西藏的上层人士，家里条件也好，他们很多抱的是玩的心情。但是，他们开了西藏摄影的先河，那是西藏摄影历史最早的记载。而摄影师真正有意识地去记录一个社会，记录一个大的历史变革，应该是从20世纪50年代开始的。

记者：等于是您舅舅那一辈。

扎西次登：进西藏的摄影师，特别是"新影"的这批摄影师，在西藏工作了大概四五十年。从20世纪50年代一直到现在，在西藏的重大历史变革，工业、农业、牧业等方方面面的发展变化，为共和国留下了很多有价值的历史影像资料。

记者：等于说他们的拍摄方法，拍摄题材对您以后在摄影过程中也有启发借鉴的作用？

扎西次登：是。拍电影也好，拍电视也好，它就是活动画面。我原来专业也是学习的电影摄影，当然我现在拍照片，仅仅也就是一个活动画面和静止画面这么一个区别。毕竟作为一个视觉的形象艺术，我觉得应该还是相通的。所以他们拍的很多东西，我也一块儿参加了。搭很多顺便的车，不光搭交通的车，还搭题材的车。他们给我非常多的方便和支持，所以我舅舅不仅是我摄影启蒙的第一个老师，也是影响我整个摄影生涯的前辈和楷模。

终于回到了故乡拉萨

记者：扎西老师，您在电影学院学习结束以后，就直接回西藏了？

扎西次登：我在电影学院只学了一年，1965年上的电影学院，1966年“文化大革命”就开始了，学校就停课了。我当时和所有年轻学生一样，先参加革命。没有学到什么东西，就这么毕业了。我们电影学院，包括文化部下属6个艺术院校，全部下放到京包铁路线上。音乐学院、音乐学院附中的，加上我们电影学院的摄影系、导演系，还有美术系这些学生全部分配到张家口。那个时候我们那个连队称之为接受再教育的学生连，在这里劳动锻炼了一年。当时确实有些想不通：学校毕业了，马上分配不了，干的活跟自己所学的业务根本挂不上钩。

记者：刚开始你们就这么想吗？

扎西次登：当时政治气氛是这样的，我们年轻学生还是比较单纯。毛主席指到哪里打到哪里，毛主席的话没说的。

记者：应该也是吃了很多苦吧？

扎西次登：就是劳动，比较艰苦的劳动。当然那个时候比较年轻，身体比较棒，那种苦还受得了。

记者：听说200斤一包的大米也能扛。

扎西次登：是，200斤的大米要扛一上午，中午只休息15分钟。中午回来以后，人像散了架一样。然后就是在水稻田里，3月份，稻田里面冰还没完全融化掉，光着脚丫子插秧，当然是比较艰苦。

记者：您在学习连待了多长时间呢？

扎西次登：待了一年。待的时间长了以后，学生也开始散漫起来了，部队管理开始松懈了，我思乡也太切了。有点茶不思饭不想，达到这么一个程度。同学就劝我，是不是给部队打一个报告回去一趟得了，我听他们的建议，就写了一个报告：我要回去看看我的双亲，很长时间没有见到父母了，他们身体也不是很好，让我回去一趟。部队领导就批准了。所以我买了一张硬座票，从张家口到北京，再从北京转到成都，又从成都坐汽车到康定，到了康定又再买汽车票坐到巴塘，从巴塘搭了一辆解放牌的大卡车，搭便车到拉萨，路上辗转几个月。终于到了布达拉宫脚下，终于到了大昭寺的旁边。

我有工作了，而且是搞摄影工作

记者：您回到拉萨以后，获得了一份正式的工作？

扎西次登：对，在展览馆。那个时候叫西藏革命展览馆。西藏自治区是1965年成立的，成立以后在布达拉宫脚下建立的，也是西藏自治区第一个展览馆。当时，“文化大革命”还没有结束，所以到展览馆第一天，交给我的任务就是拍照片，拍一幅反动标语。

记者：给您分配的就是摄影工作？

扎西次登：摄影工作。

记者：那您的相机从哪来？

扎西次登：机器正好是展览馆的展品，从边境特务手中缴获的一部照相机，折叠式的德国蔡司依康，交给我用了，也是公家发给我的第一部摄影器材。

记者：还记得您拍的第一幅作品么？

扎西次登：就是刚才我说的标语。据说有人在厕所里的石板上画了什么东西，可能是反革命标语，让我拍，于是我拿这台蔡司相机拍下了我的第一幅作品。拍好后，暗房也没有，牵涉冲洗问题，到底装的什么胶卷我也搞不清楚。人家装好以后交给我，说你第一件任务就是把这个标语拍清楚。我刚到单位，我一定要认认真真把这个工作做完。

记者：而且您是电影学院毕业的专业人员。

扎西次登：就是，真正科班出身的，到这儿照片拍不好说不过去。但是很头疼的问题就是没有暗房胶卷怎么冲洗。因为在学校里是都是在显影罐里冲洗、定温、计时，一切都是按正规程序进行的。把温度弄好，这里什么条件也没有，我就考虑能不能拿到照相馆去冲洗，就跑到当时拉萨照相馆的暗房里，照相馆师傅教给我一个非常实用的高招。

记者：什么高招呢？

扎西次登：用烟头，因为暗房里安全灯什么的都没有，把胶卷泡在显影液里面以后，嘴里叼一个烟头。那个时候我记得冲洗液，显影液，就是D72。

记者：那个时候也是D72？

扎西次登：对，D72，一般拿D76冲洗的，D76底片银粒较细，D72就比较粗，但那个时候顾不得这些东西。冲出来，搁几分钟以后，把胶卷拿起来，吸一口烟，随着那一点亮光就可以把冲洗胶卷上的画格看清楚了，就差不多显影了。后来，通过这个方法我冲了很多胶卷。我的第一幅作品通过这么一个土办法冲洗出来了。现在回忆起来挺有意思，我在西藏的摄影生涯就这么开头了。

我相信这套底片应该还是比较珍贵的

记者：再讲讲您拍的一些代表作。

扎西次登：到拉萨以后，根据当时的形势和考虑展览馆的效益，我们经常办一些展览，我也经常配合展览拍一些东西，但是并不是我所追求的东西。不过这是我的工作，我不完成也不行。

记者：听说您在政治宣传活动中拍了一组雕塑的作品。

扎西次登：对，你说的就是《农奴愤》。

大概是1975年，正碰上西藏自治区成立10周年，这是一个大的节日。为了庆祝，展览馆举办了一个阶级教育展览。为配合展览，专门从中央美术学院请来一批很有名望的搞雕塑艺术的老师。

记者：应该是当年的骨干力量。

扎西次登：绝对是骨干力量，都是20世纪五六十年代从苏联留学回来的。当时，搞了一组大型雕塑叫《农奴愤》，反映农奴制度下面，农奴过的悲惨生活，揭露封建制度的腐朽残酷。根据这个主题搞的一组雕塑，和四川大邑县的收租院组雕有相近的地方，很有艺术价值。

记者：当时在全国有很大影响。

扎西次登：影响挺大的。领导就说把它记录下来，当时我也想，这么漂亮的一个展览，也应该把它记录下来。于是我就把这一组雕塑全部全景、近景，通过各种角度把它完完整整地拍下来。到了1985年，为了修建布达拉宫广场，展览馆原建筑和当时的阶级教育展览全部都被推翻和撤掉了，这组大型雕塑也被毁了，所以，这组底片能保留下来也是值得庆幸的。我最近听说，拉萨市要建一座新的博物馆，以前的《农奴愤》雕塑又要恢复起来，我相信这组底片应该还是比较珍贵的。

帐篷里的娘仨儿。
那曲　1975年5月

我摄影的激情开始有点喷发了

记者：20世纪80年代，改革开放初期，您去了波密，听说在短短的6天采风中，您拍下了10多卷彩色胶卷，这在当时应该是一个很奢侈的行为了。

扎西次登：对。

记者：能谈谈您的感受吗？

扎西次登：十一届三中全会召开以后，我和每个中国人都一样，感觉国家在发生大的变革。三中全会这股春风，也吹到西藏来了，一切的一切好像都在发生大的变化，人们的思想也在解放。很多旧的观念发生了改变，所以在这么一个情况下，我自己好像也是身心全部有种解脱的感觉。这时的作品确确实实是这样，能放开了，我可以发表我的一些观点，通过我的摄影，表达我的情感。在这样一种心情下，正好又是和我舅舅一块儿，我的拍摄就放开了，我舅舅也拍了《春到波密》。

记者：纪录片《春到波密》我看过。

扎西次登：对，就是那个时候，因为我也一块儿去的。

记者：听说您后来当了西藏展览馆的副馆长，后来为了摄影的追求，您又辞去了副馆长的职务，调到了西藏自治区摄影家协会，在这之后还是在这之前？

扎西次登：应该就是同期。

记者：那时，您拍了很多精彩的照片。

扎西次登：去波密的时候，正好是春暖花开的时候，我觉得整个国家，包括西藏也是这么一个形势，确确实实春天到了。创作时眼前看到雪山、桃花、蓝天白云，心情确实很畅快。

记者：您在全国影展上的照片就是《春到高原》。

扎西次登：对。正好1980年的时候，我手里的器材也开始更新了，那个时候西藏自治区摄影家协会还没成立，跟国内其他地区一样，叫全国影展办公室，还有一个机构叫图片社。

我当时还没调过去，但是和这个部门经常有联系。后来这个单位解散了，单位有一批器材，就转给我们展览馆了。那个时候展览馆的摄影影响是最强的，搞摄影还有一个科班出身的人，所以这批器材转到我们手里，我第一次拥有了一个摄影者日思夜想的哈苏相机，是二手的，人家用过多年了。

那个折叠式的蔡司依康用了几年，后来一直还在用，中途又换了个双镜头的禄莱福莱，最后用的是单镜头反光的哈苏相机。还有两个头，一个标头，一个中焦。高兴坏了。拿着这么一个机器，而且手里有几个柯达的彩色胶卷，那个时候简直不得了。心情又好，就是那一段时间，疯狂拍摄，简直是太奢侈了。十几个彩色胶卷那个时候很不容易，我用过国产的胶卷，你知道不知道，国产哪儿出的？就是保定城。

记者：保定，代代红？

扎西次登：代代红，也是电影胶卷吧，还有120的，好像我记得，那时候是水溶胶片，色彩还原不好。是灯光片，拍外景要加雷登85滤色镜，感光度损失很厉害。

记者：你也用过这个？我们当时用的还是从“新影”、“北影”买，或者找他们叫5471，柯达伊斯曼。

扎西次登：对，伊斯曼。

记者：自己冲不了，拿到电影厂再冲。

扎西次登：因为成影背后有一层黑颜色。有时候自己冲还要搓掉，这个是可以搓掉的。

记者：碳黑可以搓掉。

扎西次登：搓掉以后开始透明了。后来自己冲过，但是背后老是脏兮兮的，在药水里面慢慢用手搓掉抠掉碳黑。

记者：那还是很有意思的。

扎西次登：从这以后，我摄影的激情开始有点儿喷发了，好像不可收拾的那种感觉。所以彩色也拍黑白也拍。拿着机器有一种自己特了不起的那种感觉。

照相绝对丢不下，而且是越做兴趣越浓

记者：很有意思。我看有关资料上介绍说，您在国内外各种展览、摄影杂志报刊、画册发表了5000余幅摄影作品，那么，您的大部分作品创作是在什么时候呢？是比较平均还是有一个高潮？

扎西次登：主要集中在20世纪80年代。所以在总结西藏摄影历史的时候也说这个事，我也是其中一员了。整个西藏摄影队伍慢慢成长起来，完全得益于改革开放，得益于改革开放的春风，没有这个，我们西藏摄影队伍成长不起来。

记者：应该说20世纪80年代是一个喷发的时期。

扎西次登：当时正好西藏自治区摄影家协会成立了。1980年成立，我就调过来了。现在朋友开玩笑，说西藏自治区摄影家协会扎西是创始人，有一点创始人的味道，如果说我就是创始人也不是很合适。应该是发起人之一，

记者：在协会一直工作了20多年？

扎西次登：从1980年到2006年。

记者：26年，您是创始人，从西藏自治区摄影家协会成立到您从主席职位退休，对西藏的摄影做出了很大的贡献，对西藏摄影发展的历史也应该有一个比较详细的了解了。

扎西次登：对，是的。

记者：我在想，大多数摄影家都在拍风光、拍壁画作品，您除了拍风光，是不是也把镜头对准了我们藏胞？

扎西次登：是的，正好问到我这几年的想法上。我也很希望拍风光，也拍了不少，但是退休以后，我有一个想法，咱们风光作品见的很多，尤其近几年，旅游一发展，西藏不神秘了。你看飞机一天多少航班，从北京从成都从广州从上海飞的都有。在交通不是特别发达的时候，西藏完全是仗着神秘二字，所以风光也好，很吸引人。因为你没有去过，人家不是说，出国容易进藏难嘛，现在出国容易进藏也很容易了。

好像每个摄影人都走过这么一段路，开始喜欢拍风光。但是我感觉什么呢？从我自己的摄影经历上讲，风光现在也在拍，见到好的风光，为什么不能按快门呢？但摄影作为一门艺术，应该反映更深的一些东西，给人们留下一些值得回味的东西。我想可能还是要把镜头对准自己的同胞，来见证社会的变革，生活的变化。

记者：摄影的记录功能是非常重要的。

扎西次登：对，记录，最主要功能就是记录。把这个功能很好地发挥出来，就会留下很多值得回味的影像。就说西藏老照片，就是我们的父辈一代拍的。若干年以后，画面里的人物，当时的穿衣打扮，当时人的气质，完全可以反映那个时代。那个时代已经过去了，但是照片作为历史见证留下来，很有意思。哪怕就是一张家庭合影，过了若干年以后，再拿出来与现在对比，也很有味道。

记者：我顺便插一句。您在“文革”时期，应该说利用了相机的记录功能，记录过很多“文化大革命”中的场景、状态，现在看来应该也是很珍贵的历史资料了，能不能给我们介绍一下？

挤羊奶的牧女。那曲县红旗人民公社 1976年7月

扎西次登：拍过，现在回想，那时候都在摆拍。拍了很多年摆拍的东西，很多弯路都走了。就是为了拍高大全，所以说那个时候我可能拍了一些东西，有些东西可能有价值，有些东西可能没什么价值。

记者：那么现在您是怎么通过作品来反映西藏民俗、宗教文化以及他们的生活呢？

扎西次登：西藏的民俗也是这样的，跟风光有类似的东西，尤其少数民族节日很多。因为过去对藏民族的这些节日都不是很了解，内地人很少见到，觉得非常稀奇。现在不是很稀奇的东西

了，但是通过民情风俗反映西藏社会和历史是不错的。

记者：应该是自然的状态。

扎西次登：非常自然，最好是抓拍。当然也可以摆一点适当的，有时候需要光线，有时候需要造型，这是我的观点。

记者：您的观点还是说允许适当调整。

扎西次登：我还是想尽量把画面拍完美一些，不是特别喜欢那种太随意的东西。焦点还是要清清楚楚的，光线上尽量光比反差不要太大，当然男人可以要求大一点，女人我会尽量柔一点。

记者：还是有当年科班的影响。

扎西次登：有一些传统，非常刻板的东西还在受影响。我看过很多的作品，也一直在学习。

吉隆县雄色乡的村民聚会地。1988年10月

记者：那您记录这些，现在是散点式拍摄，还是有系统有计划？

扎西次登：基本上是散点式的拍摄。为什么还在拍呢，尤其今年，今年有一些自己的想法。大概是20年前，我到吉隆县，吉隆是非常美丽的，山海拔很低。在那里离边境很近的一个乡，我看见一座坐落在尼泊尔境内的大雪山，非常壮观，那个时候我就有一个想法，就是有什么机会能不能从背面的南坡拍这个雪山，那肯定也是非常壮观的。这座雪山叫安娜普日峰，我们吉隆人叫"色几佳颇"（金色公鸡之意）拍到了。正好吉隆市摄影家协会办展览，离那里大概有100来公里吧，叫博卡拉。正好就是在吉隆的背后。在博卡拉镇上我有什么感觉呢，原来没有感觉西藏到底有多么高，因为生在、长在西藏，本身有多高我也感觉不出来，我也没有什么高原反应。那个地方海拔600米，与喜马拉雅山最近的地方你想想，看整个雪山是仰着看。哇，西藏有那么高，我的家乡。有一首歌叫《天上的西藏》。我想起那首歌来，家乡确确实实就是在天上，我才知道我一直在天上。

记者：这么多年您一直用镜头关注农牧区的生活，对比您20世纪70年代到90年代的拍摄，他们的生活有什么变化？

扎西次登：20世纪70年代，我除了完成展览馆交给我的任务之外，还是很关注我身边的藏族同胞的生活。那时，我到藏北牧区拍摄采风较多，拍了一些牧民的生活、牧民人物肖像，当时，"文革"还未结束，全国都还在天天讲、月月讲阶级斗争的时候，百姓的生活还是很艰辛的，人们的穿戴都还破破烂烂，眼神中流露的是困惑和茫然。20世纪80年代，西藏地区也和全国各地一样，在改革开放的春风雨露中，走出文革浩劫的西藏，呈现一派春暖花开、欣欣向荣的景象，民族政策得到恢复落实，一些被禁止多年的民族传统民间文化节日也在恢复。最有代表性的就是我所拍摄的《重见天日》，曾经入选1987年东京国际摄影展览。说的是西藏格鲁派宗喀巴创建的甘丹寺藏历6月15日展佛节在"文革"中中断多年，而且坐落在旺颇日山上曾经规模宏大的甘丹寺在"文革"中被毁成一片废墟。20世纪80年代，在党的民族政策重新感召下，寺庙开始进行修复，一年一度的展佛节也开始恢复了。1986年夏季，禁止多年的甘丹寺展佛节里展出的巨幅唐卡在文革以后的近20年后第一次亮相于世人前，周围的环境基本还是残垣断壁的废墟。我拍下的这张照片想说的是：一个动乱时代结束了，一个崭新的孕育着美好希望的新西藏即将开始了。这期间宗教信仰自由的政策也进一步在落实，我拍下不少和宗教有关的题材的民俗场面，也拍摄了通过摄影画面表达自己对藏胞信仰宗教的认识与感想的摄影作品。另外，也用大量的精力投入到藏民族民间文化的抢救拍摄工作，如拍摄寺庙建筑、壁画、塑像、民族服饰等等。

苦都吃不了，那摄影趁早别搞了

记者：您第一次发表作品是什么时候，在什么地方发表的？

扎西次登：我刚才说了，20世纪80年代广东办了一个展览，叫《祖国颂》，在那里有两张照片获得优秀作品奖。然后我去林芝拍的片子里有一个叫《春暖花开》，第一次在《中国摄影》杂志上发表了。

记者：您是在拉萨第一个成功举办影展的藏族摄影家？

扎西次登：是。

记者：展览的作品是风光还是民俗？

扎西次登：都有。那个展览中有一组就是反映西藏宗教题材的人物，有祈祷的、拄着拐棍的老喇嘛等。我想通过照片对我的同胞表示我自己的关注。

记者：另外您在首届中国国际民俗大展上，获得人类贡献奖的提名奖，都是摄影生涯中的第一次。我想知道，在您的摄影生涯中，您最关注的是什么？

扎西次登：我原来有很长一段时间关注布达拉宫，因为布达拉宫毕竟是藏民族文化的象征，或者是藏民族精神的象征。而且我长期生活在拉萨，原来展览馆就是在布达拉宫脚下。不光是我们藏

来圣湖朝圣的安多县牧女和她们的孩子。
纳木措 2006年6月

族人，包括在拉萨生活的汉族人，对布达拉宫都是很有感情的。所以，我就从布达拉宫的前后左右各个角度，春夏秋冬各个季节，有机会我就去拍，也是想通过布达拉宫，表达我自己的情感。

记者：在您的摄影经历中，有没有比较遗憾的呢？

扎西次登：遗憾的东西多了。比如说吧，就像大昭寺，我曾经在大昭寺看到七彩光，我远远看见了，但是我不在跟前，那时候交通也不是很方便，就骑自行车跑，根本赶不过来。后来我逐渐经掌握了彩虹的规律，但是没有这种缘分，等了很多次就是没有碰到。或见到彩虹之后又不在跟前，再比如拍珠峰也是这样，很多人可能等一个礼拜连珠峰面都见不到，但我去了一个小时马上见到，就能马上拍到，这种事很难说的。

记者：那您印象最深刻的事呢？就是您拍摄过程中，比较难忘的一件事？

扎西次登：我去珠峰的时候，邀了几个朋友，单位正好派了一辆车，去的时候是拉萨天气最好的时候，六七月份。中途在拉孜县，有温泉，我们就住这里的招待所。因为泡温泉，第二天我们的驾驶员有点感冒。开车的时候他头有点儿疼不舒服，结果，一时没在状态，一下子开过了。

记者：开错路了。

扎西次登：大概过了几十公里了，同行都纳闷儿了，说珠峰哪去了呢。因为我们去过珠峰多次，快到珠峰要拐弯的时候，有个检查站。开车的是个新手，大家正讨论着哪点出问题了，这个时候车子出毛病了。很平整的路，不知道车子怎么就翻了。车整个翻了，四轮朝天了。因为一点思想准备都没有，不知道怎么回事，我还戴着眼镜，脖子上挂着相机，翻完了以后，照相机还好好的，没受伤，一点没事。

记者：看来大难不死必有后福。

扎西次登：确实是这样的。后来我们从山上下来的时候，碰见一批老外，他们是从珠峰回来的，他们在珠峰呆了一个礼拜，珠峰也没有露面。而我们在那儿一个小时，就全部拍完了，而且拍得挺好。这种记忆挺难忘的，搞摄影就是这样子。

记者：还是很执着，很多东西是要付出很大代价的。

扎西次登：搞摄影吃苦是应该的，苦都吃不了，那摄影趁早别搞了。经常就是带着睡袋、帐篷去，招待所很少住，在招待所拍不了照片。要是说心里的感受，就说远了。我在展览馆的时候，领导对我是很器重的，毕竟藏族里面大学生还是少，后来我担任了自治区展览馆的副馆长、支部书记。我就想搞摄影，我向文化局领导打过两三次辞职报告，领导还批评过我，你是一个共产党员，党让你干什么你就干什么，没有讨价还价的。让你当领导是信任你。当然，后来我还是如愿以偿了。

记者：像您这种激情，如何能持续数十年而不衰呢？

扎西次登：我也说不出它的道理，真的，就是喜欢这个，觉得拍上一张好照片激动得不得了。老想把这个情绪保持下来，所以我自己觉得活得很年轻，没有感觉多老。

记者：没有感觉已经60岁了，否则也不敢去爬几十米的悬崖。

扎西次登：每个礼拜，很多哥们儿喝一次酒，所以心情一直非常开朗的。

记者：有些发自内心的感受，真不能够概念化地陈述，这种发自内心的感觉，甚至可能是某种天赋，或者是很小的时候受到的环境熏陶，这也很重要。像我们常说的，现在满世界唱爱，“死了都要爱”，实际上爱是最常见的，评论最高的一个词，可是想把它说清楚很难。我

想扎西老师也是这样，对摄影艺术充满一种热爱之情，几十年，一直如此。

扎西次登：是这样，所以我们刚才在讲，就是说应该跟环境有关，跟小的时候生活环境有关。

记者：我听说在您很小的时候，您的外祖母是很有艺术天赋的，那么她的言行举止，我想应该在您很小的时候，对您有熏陶和启蒙的作用？

扎西次登：我外祖母活到108岁。她老家在甘孜藏族自治州稻城县，经历非常丰富，年轻的时候走遍广大的藏区。去过很多地方，所以她懂得很多。因为小时候我们住的房子是平房，很矮。到了冬天就很冷，就烧牛粪，那个时候没有电视，全家就聚在帐篷里面，外祖母故事很多，机智的阿古登巴、英雄的格萨尔王、善良的绵羊公主……现在我还有很深的印象。所以我后来总结，我对艺术的喜欢，可能和我外祖母熏陶有关系。

记者：您外祖母生活在稻城这个自然风光非常美丽的地方，应该对她也是一个熏陶。我想这种，开玩笑说隔代遗传，是不是传您这儿来了。

扎西次登：可以这么说。她是非常开朗的一个人，到了拉萨以后也是，她穿的衣服跟拉萨人不太一样，里面的衬衣很长，袖子卷起来，白颜色的。所以，街坊邻居一见到就说白袖子老太太来了，80多岁的时候，她经常怀里面装着一包糖，见到小孩都要给。

记者：你外祖母应该算是八角街的著名人物。

扎西次登：白袖子老太太又来了，小孩都知道，又要散糖了。

退休后拍壁画的故事

记者：我们知道，您为藏文化的宣传和保护做出了自己的努力，退休之后，拍摄了大量优美的壁画，能给我们介绍一下吗？

扎西次登：就是2006年，正式办退休手续，因为咱们毕竟是搞摄影的，还不完全是搞行政工作。搞行政工作退下来以后，真的确实没有自己的事干，不像咱们的专业。

记者：有更多时间创作了。

扎西次登：我觉得更好了，完全可以掌握自己的时间，根据自己的爱好，想做什么就做什么。因为毕竟搞了这么一辈子了，照相绝对丢不下，而且是越做越觉得兴趣更浓。退休以后，我第一件事做的什么呢？就是应西藏人民出版社和阿里地区文化局相邀，全面系统地拍摄阿里地区的古代壁画和珍贵的唐卡画卷。

记者：留下宝贵资料。

扎西次登：把资料尽量完整地记录下来，是非常浩大的工程，当然仅仅是做了开始的工作。第一步先拍阿里地区的，以后慢慢拍其他地区的，现在阿里仅仅做了一步还没有做完。2008年，我在阿里布兰县、札达县等地拍摄了大量壁画。阿里地区的古代壁画大都集中在这两个县，而且尤其是集中在札达县，因为那是古格王朝的所在地。尽管我自己是藏族，对藏族文化有一定的了解，而且阿里壁画原来也拍过不少，但是从来没有这么系统地进行过拍摄。2008年的夏季，为了拍好壁画，我把灯光、发电机、胶片相机、数码相机都带上了。

记者：武装到牙齿？

扎西次登：是武装到牙齿了。从7月初一直拍到8月底。先拍古格遗址，有5个殿，就是按顺时针的方向，从这个墙壁到那个墙壁。一个大全景，然后局部中景，中景完了以后再局部特写。特写之后还有一些局部小的一些精彩东西，尽量地用各种角度来拍摄。

记者：拍摄手法很职业。

扎西次登：不光是我自己在拍，那时正好有几个老外也在那里，几个从意大利和瑞士、瑞典过来的，专门维修壁画的，他们好像是经西藏邀请义务在维修壁画。因为很多壁画被雨水侵蚀、被烟熏的已经模糊不清了，尤其意大利的专家，他们在修补壁画过程中拍了很多东西，我看了他们拍的，也受到很大启发。他们拍的东西确实好，是不太一样，有的特别细小的东西，比如壁画当中人物服装袖口上的一块精彩的图案，人物发辫上的一个小饰物……我真的没有注意到。这种拍摄的精神和方法让我大受启发。所以，这次拍摄过程对我来说确实是一个学习过程、研究过程。

记者：听说拍摄条件非常艰苦。

扎西次登：有些悬崖峭壁确实上不去。

记者：悬崖绝壁有多高呢？

扎西次登：大概三四十米高。近了以后才能看到很多石窟。洞窟里面可以隐隐约约看见有壁画，甚至还有一些佛塔的形状。

2008年，我们共拍了16个土林洞窟，当然工作还没有完全结束，我还得继续努力，争取在有生之年能做好这么一件事，那是一个摄影工作者值得非常欣慰的事。

古格壁画。2008年

托林寺壁画。2008年

收录机在20世纪80年代初的藏北牧区可是个让很多人羡慕的好东西。那曲赛马会
1982年8月

把格萨尔说唱艺人的声音录入自己的录音机中。那曲1983年

赛马会跳锅庄舞的藏北男人们。
那曲 1983年

羌塘的草原娃。
比如县比龙草原 1984年

帐蓬里的牧民一家。当雄 1984年

牧人的孩童。拉萨 1985年

参加圣地法会的甘、青地区的牧民们。
拉萨传昭法会 1985年1月

冬日布达拉宫。20世纪80年代

晨烟背面角度。布达拉宫
1984年

甘孜州理塘县霍然尼巴村
的牧民。2004年9月

来自安多地区的女人们。
拉萨 2007年

边陲绿洲。萨迦县 2003年

每年藏历12月15日，是拉萨妇女的白拉日吹节，拉萨八廓街转经路上香烟缭绕热闹非凡。 2003年

玛攸拉雪牧。1999年

桑桑草原。日喀则拉孜县 2004年

风雪中的行人。大昭寺广场 2008年2月

旺久多吉

我的西藏　我的西藏

我的西藏

我的西藏

我是在西藏这片纯粹的土地上土生土长起来的，我眼中的西藏与外来人拍出来的西藏相比，最大的不同就是人物摄影。我最大的希望是通过自己的镜头，记录当下人们的思想状态、生存状态及其变化。

——旺久多吉

我的西藏

口述人：旺久多吉　采访人：刘铁生 张宇　时间：2009年5月30日　地点：成都

旺久多吉，藏族，1949年12月出生于拉萨，1981年在西藏摄影家协会工作至今。自1969年曾先后从事知青、木匠、玻璃厂的司炉工人、汽车驾驶员、厂工会干事、伙食管理员、招待所的登记员等工作。现任西藏自治区摄影家协会主席、一级摄影师、兼任西藏自治区政协常委，中国西藏文化保护与发展协会理事、中国摄影家协会第五届与第七届的理事等。1983年，文学作品《西藏摄影史话》荣获五省（自治区）散文一等奖。摄影作品《古庙里的春天》获第三届国际影展金牌奖；1999年被评为中国摄影家协会"德艺双馨"会员。

古庙里的春天。
扎什伦布寺 1994年

父亲送我的小相机是我快乐童年的一部分

记者：还记得您第一次的拍摄经历吗？

旺久多吉：1956年我父亲和母亲到印度参加释迦牟尼诞辰2500周年纪念活动，从印度回来后，给我和弟弟一人带了一部小相机，相当于现在的110相机，8毫米的胶片。很小。记得当时我们家院子里正在盖房子，于是我就用这个相机第一次拍了照片。那是我最早接触摄影。

我把镜头对准着那些活动的人和物，一次次地按动快门。一切都很新鲜，一按，镜头里的东西便停下来，不再动了。再换一个地方，再拍。至于相机里到底拍下了什么，我并不在意，我只是喜欢那一次次按动相机的新奇感觉。许多年以后，有人问我，摄影最大的乐趣是什么？我说："摄影最大的乐趣在于按下快门的一瞬间。"细想起来，这种潜在的感觉，最早孕育是在我8岁那年，初次按动快门的一瞬间。

记者：当时拍摄的效果怎么样？

旺久多吉：照片是父亲替我冲洗的。我记得很清楚，对着一堆没有焦点或者曝光不对的照片，我父亲只说了一句话，他说："你看看……"。我赶紧探头看了一下胶片，那上面模糊一团，乱七八糟的木头、石头和晃动的人影，没有一张是清楚的。父亲没有再说话，一抬手就将胶片扔进了垃圾箱。

记者：没有具体的给您指导吗？

旺久多吉：在我的印象里，父亲并没有过多地在摄影方面指导过我，也没有对我小时候拍的一些照片有过仔细的评价，只是偶尔在看过我的照片后说一些诸如不论做什么，事先都要认真考虑这样的话。正是因为父亲的严厉，我小时候拍的照片，没有留下来一张，以至于我现在也讲不清楚，我当时眼睛里到底看到了什么，注意的又是什么。不过父亲的严厉没有对我造成多大的打击，那台小相机，一直是我快乐童年的一部分。

1965年，旺久多吉的母亲买给他的上海58Ⅱ照相机。

20世纪30年代德木仁布钦从印度买回的英国产卡尔宾相机。

同学叫我"跑光记者"

记者：能谈谈您早期的摄影经历么？

旺久多吉：我1959年上的拉萨市第一小学，小时候很调皮，同学们都管我叫"疯喇嘛"。后来上了拉萨中学，因为学校里有喜欢拍照的老师，我拍照的热情又高涨起来。1965年西藏自治区筹备成立展览馆，学校派了几个人去协助工作。我的语文老师，也是我最要好的朋友龙国泰叫我去帮忙，于是我认识了当时几个搞摄影的，像陈宗烈、马竞秋等。龙国泰有个爱克发相机，经常借给我用。我非常想拥有一部自己的相机，于是妈妈悄悄给我买了一部上海58Ⅱ相机。父亲也送给我一台英国产的卡尔宾相机和10卷已经在1946年就过期的黑白117胶卷，偶尔也把他的蔡斯相机借给我用。那个阶段我也拍了不少照片。

记者：这个时候就是您自己冲洗照片了吧？

旺久多吉：对，上中学的时候我就自己冲洗照片了。父亲有时候也带我去暗房教我。我自己洗照片的时候就在床底下用被子把四周围得不透光，用红塑料笔记本的红色塑料皮蒙在手电筒上面当安全灯，药水放在学校发的搪瓷碗里。冲胶卷就自个儿瞎摸了，经常跑光，所以当时有同学叫我“跑光记者”。

记者：这一时期，还有印象深刻的拍摄记忆吗？

旺久多吉：我在拉萨中学摄影还是有点名气的，学校搞活动，经常让我去拍照。一次，学校组织我们一起到色拉山下，看防化战士的防化表演。我拍了一些图片，第二天，将冲印好的照片连同胶卷一起交给了学校团总支书记，几天以后，这些照片就在学校的玻璃窗里展览了。那是我第一次入选展览的作品。

记者：有了自己的相机，也学会了冲洗，之后的创作是不是更加顺畅了？

旺久多吉：不是，之后我拍的就很少了。“文革”开始后，我的学业和生活还是受了些影响。“文革”后期，毛主席发出知识分子上山下乡的号召，我就到了堆龙德庆县柳梧乡的日玛岗开始做木工。木工的最高级别就是六级。在不到两年的时间里，我从一级木工干到了五级。后来，我被安排到拉萨市郊的先锋公社插队；1972年，我回到城里，被分配到玻璃厂当司炉工。在玻璃厂的8年里，除了司炉工，我还做过汽车驾驶员、伙食管理员、工会干事等工作。就是在这种日子里，我娶了妻子，成立了家庭。所以从1966年到1980年的十多年时间，我干过很多事，学了不少手艺，但事实最后证明，在我的十八般武艺中，最好的和最成功的，还是摄影。

我到处跑，买书籍，订杂志，拍图片，一心想干出点名堂来

记者：西藏自治区摄影家协会成立后，当时只有您一个专职人员，能不能给我们谈一下当时的情况？

旺久多吉：我开始完全地、专业性地干上摄影这一行，要感谢已故的西藏自治区文联常务副主席张耀民。1980年中央在拉萨召开第一次西藏工作座谈会，对历史上的遗留问题拨乱反正。西藏自治区政协为包括我父亲在内的一批在“文革”中辞世的上层爱国人士举行了追悼会。

1981年10月，西藏自治区摄影家协会成立，当时只有我一人是专职人员，张耀民为了支持协会工作，拨了专款，花了五六万元，买了几套专业摄影器材，有勃朗尼卡、玛米亚，美能达，佳能，还有各种镜头及放大机等，多是高档货，是20世纪80年代的最新产品。

尽管我挤进了专业摄影工作者的行列，但马上就感觉到我的摄影理论功底差，摄影技术也不过硬。虽然在拉萨中学读书时，曾经从图书馆借来苏联出版的摄影书籍看过，也买来吴印咸等著名摄影家写的摄影技术书籍学过，还曾多次当面请教过罗伟、屠思华等摄影家。那几年，我到处跑，买书籍，订杂志，拍图片，一心想干出点名堂来。

我的脑子只有这壮观场面，全然不知自己的存在

记者：您的努力得到了回报，您拍的《古庙里的春天》获得很大的成功。

旺久多吉：我还记得那是1984年3月，我和自治区摄影家协会的几位同事到后藏去拍服饰，从珠穆朗玛峰回来以后的一天下午，我和几位同行去日喀则的扎什伦布寺，计划到那里拍一些喇嘛服饰。我们本来是去拍那个服饰的，僧人的服饰。我们去的时候，他们正在念经，开法会。我们就在那个院子里面等。他们在里面念经，一出来这个台阶上，小喇嘛们走在最前面。猛然看到门口一群背着相机的陌生人，感到格外新奇，看着我们不肯往前走，我

们几个人就噼里啪啦地拍，拍了一两张以后，我总感觉到少一点什么东西，当时也不知道这个光线，也没有看见地上有阳光，都没有注意，注意力全部在那个壮观场面上了。小喇嘛们不走，殿堂里众多的喇嘛仍不断涌出来，人头攒动，层层叠叠地挤在门外的石阶上，一式的黄色披风，一式的高顶僧帽，显得分外壮观。可是我在取景器里看时，总感觉还缺点什么，也不知道该干什么。就没办法，人家还在走，我干脆跟他们说往前走一点吧，我想拉开一点距离或许也就好一点。小喇嘛们迟疑地向前挪动了几步，正好进入斜射下来的阳光里，披风和僧帽变得分外明亮，而站在石阶上的老喇嘛们仍然处于阴暗部分，金黄、浅黄、深黄，构成两条层次分明的色阶，我端起勃朗尼卡相机，在按快门的一刹那，我的脑子只有这壮观场面，全然不知自己的存在。就在那1/60秒之间，拍下了这个激动人心的场面。

记者：这真是难得的一个瞬间，事先根本不可能预料到的。

旺久多吉：是。一直很激动，后来拍一些服饰照片也拍了，拍得不多，那天晚上就是兴奋，我们都在谈论这个场面太壮观了，不知道拍成什么样了。说实话，我第一次见到这张照片我都很震撼的，真的。这张照片在1985年北京举办的第三届国际影展中获得金奖。

记者：这张片子获奖以后，对您以后的拍摄有没有什么影响？

旺久多吉：对评职称什么的有很大的帮助。但是对创作带来了很大的困难。压力很大，要突破这个高度有很大的难度。

只有对西藏文化背景有所了解，才能更好地与作品心意相通

记者：之后您就获奖不断了，还有哪些最满意的作品？

旺久多吉：那些年我的确拍了许多片子，也得过不少奖。作品《雪山雄鹰》、《骑手》先后在全区影展上获奖。1999年，我还被中国摄影家协会评为“德艺双馨”会员。

在这里，我对摄影应该说有了新的追求，那就是用镜头记录下最原汁原味的“我的西藏”。这段时间，我最得意的作品有《喇嘛1987》，是1987年拉萨传昭大法会上拍摄的，

骑士。1983年

喇嘛1987。1987年

通过红色袈裟和黑色阴影，产生出一种浓重的视觉震撼力。不同生活经历的人从中会读出不同内涵。对于内行或部分读者来说，只有对西藏精神文化背景有所了解，才能更好地与这里作品心意相通。《骑士》也是我的得意作品之一，在同类题材的摄影作品当中，也是迄今为止最成功的一幅作品，可惜底片找不到了。在山南、拉萨、日喀则等西藏中部地区，最多的赛马活动在收割前的望果节期间举行，所以拍的人也特别多。我为了拍好一张赛马的追随照片，用的胶卷不下三四十卷。

记者：您的拍摄手法倾向是什么？

旺久多吉：在摄影生涯中，我比较倾向抓拍，因为抓拍能凝固，定格人物当时的真实表情，从表情中可以读出许多信息。但我也不反对摆拍，只要对某个事件或者生活习俗有了比较充分的了解，摆拍也能拍出好的照片来，何况在“摆”的当中还能“抓”。已故的新华社西藏分社摄影记者马竞秋算是这一方面的专家。我从那里学到了很多摆拍的知识。我的得意之作《沐浴》就是这么完成的。

每年藏历七月，藏族都有一个叫“噶玛堆巴”的活动。汉族朋友都叫沐浴节。每天的最佳洗浴时间是一个叫“日给”的星星从东南方升起的时间。此时由于光线的限制，要抓拍就很困难。我为了能比较完整地表现这一活动的时间性和民族地域特性，动员了妻子和弟媳妇等人，组织了那次摆拍。

从父亲的照片里重新认识了自己所钟爱的职业

记者：您一直强调“我的西藏”，您感觉自己镜头里的西藏有什么不同？

旺久多吉：我是在西藏这片纯粹的土地上土生土长起来的，我眼中的西藏与外来人拍出来的西藏相比，最大的不同就是人物摄影。我最大的希望是通过自己的镜头，记录当下人们的思想状态、生存状态及其变化。在我近期的作品里，绝大部分是与“人”有关的，而且是人们处于一种“原初”的状态时，被我抓拍下来的，我觉得我的作品基本上都保持了原汁原味，只有这样，它才称得上是符合摄影的纪实本性。

记者：我特别赞同您提到的“我的西藏”，真正拍西藏，应当体现出西藏的历史、西藏的文化，而不是猎奇的西藏。审视您父亲的作品，您有意识地拿自己的作品和父亲的作品对比过吗？

旺久多吉：摄影也有找不到感觉的时候，有时候自己也不知道问题出在哪里。这个时候我就重新审视自己，也开始重新认识父亲的照片。

父亲拍的照片很多，保存下来的只有300多张了，从中我发现了自己与父亲的区别。自己的作品或多或少是为了争取获什么奖，上什么杂志，多少有那么一点功利性；而父亲的片子，没有任何目的，没有功利，只是在拍，是纯粹为了拍照而拍照，在父亲的照片里，展现的是当时西藏的原貌。

我从父亲的照片里重新认识了父亲，也重新认识了自己所钟爱的职业和自己生于斯长于斯的雪域高原，用镜头纪录西藏也成了我摄影的新的出发点。此后，在我的作品里更多展现的是自己眼中的西藏。

记者：如果让您对您个人的摄影经历做一个简短的总结，您愿意说点什么？

旺久多吉：现在做总结还早吧。哈哈。我还想再拍一段时间，总结就留着以后做吧。

沐浴。1986年

佛学答辩俗称辩经。1983年

哲蚌寺雪顿节展佛。1985年

次觉林的村民们。1982年

过林卡。1982年

日喀则扎西吉彩作坊。1982年

藏历年初三换经幡。山南
1983年

雅鲁藏布江畔的渔民。1983年

藏历新年邻里拜年。1983年

大山的女儿。1984年

说唱格萨尔传。1982年

工布新年。 1984年

雪顿节藏戏会演。1985年

高僧的火葬仪式。
20世纪80年代

拉萨祈祷大法会。1987年

拉萨酥油花灯会。1987年

燃灯节之夜的拉萨大昭寺。
2003年

附录：我的父亲德木丹增嘉措

我父亲是丹吉林寺的呼图克图

记者：旺久老师，能给我们谈谈您的父亲吗？

旺久多吉：从身份来说，我父亲是一个转世灵童，也就是汉族同志们平常所说的“活佛”。他生于1901年，也就是藏历第十五饶迥铁牛年，出生于现在的林芝地区工布江达县阿沛村，父系属于阿沛家族。1905年，由德木寺、丹吉林寺、哲蚌寺的洛色林扎仓、色拉寺、甘丹寺两个工布康村组成的寻访第九世德木仁布钦·阿旺赤来绕杰的转世灵童小组经过观湖、占卜、请神等一系列的认定程序，使我四岁的父亲成为九世德木仁布钦[注]的转世灵童，而且没有第二个候选人。刚好那个时候英军入侵西藏，十三世达赖喇嘛跑到蒙古避难，而德木仁布钦的转世必须得到他的认可并经中央政府批准后，才能继承其名号，所以，只好先把我父亲送到色拉寺东边的一个小寺院“曲鼎冈”去学习。你们去拉萨就知道了，就在拉萨色拉寺东面的山坡上，是一个白房子。

1910年，我父亲才正式在丹吉林寺坐床，成为第十世德木仁布钦。在此期间，我父亲还和摄影有过一段渊源。1912年，一个欧洲人提出要给我的父亲拍摄一张肖像。当时，我父亲年仅12岁，虽说被奉为尊神，但用现在的话来说，到底还是一个不大懂事的娃娃，没有那么多顾忌，出于好奇，就欣然应允了。拍照那天，从殿堂到大门都铺上了华丽的地毯，父亲穿上了呼图克图[注]的全套服装，庄重地坐在太师椅上，等着享受当时一般人都无缘享受的荣光。大概是胶片感光速度太慢，殿内光线也不大好，欧洲人架好相机以后，要求侍从喇嘛用带子把我父亲固定在太师椅上，以免他在照相时晃动。在那个社会里，对活佛只有顶礼膜拜，谁敢把他捆绑起来呢?侍从个个都吓呆了。欧洲人怎么解释也白搭。管家认为他有意亵渎尊神，是大逆不道，当场一顿臭骂，把欧洲人撵出了寺庙。几十年以后，我父亲提起往事，还感到滑稽可笑。他说：“如果当时忍耐一下，倒可留下一张难得的儿童时代的小照哩！”

父亲向一位“死人”学会全套摄影技术

记者：那你父亲是什么时候开始拍照的呢？

旺久多吉：是在闭关期间，接触了摄影。

说起这段，还真有传奇色彩。当时有一个尼泊尔商人带着一套照相器材来拉萨开设照相馆，由于多数市民怕被摄走魂魄，价格又不菲，因此生意冷落。不久，商人就病倒了。按照他故乡的习俗，死者的最后一口气是不能断在家里的。眼看命在旦夕，家人连夜雇人用木板车把他抬进了天葬场，不料山上清晨的凉风一吹，这位商人竟苏醒过来。他四面一看，方知是天葬场，既伤心又害怕，不等天葬师的斧头向他砍来，立即顺着山脚向巴日库方向逃命，在那里遇见了正在山洞修行的我父亲。已经送进天葬场的人，自然没有人乐意与他同住，回

在家做功课的德木仁木钦。20世纪40年代

拉萨是不可能的了。我父亲很同情他的遭遇，就留他在山洞与自己同住，还通知尼泊尔商人的妻子——一个藏族女人悄悄送来他的全套摄影器材。就这样，在静寂的山洞里，我父亲向一位“死人”学会了被宗教称为“妖法”的全套摄影技术。3年以后，这位尼泊尔人真的死了。临终前，他恳请我父亲为他念超度经，作为酬劳的就是那台照相机。

记者：尼泊尔商人在山洞里教会了您父亲摄影？

旺久多吉：是。除了摄影还教了一些给佛像镀金的方法，电镀什么的，当时西藏用的一种叫做火镀，就是西藏传统的镀金铜，铜上面镀金的这个方式。电镀，就是比较新的一个技术了，它比传统的工艺省很多金子，但它的经久耐熔度不如火镀。当时西藏没有电，尼泊尔人又教了他一些办法，具体这些里面用了什么样的化学成分我都不知道，后来我问过我父亲，他说以后再讲给我。

云游的时候，他就背着那台相机

记者：这台相机是一个什么样子？

旺久多吉：是木片镶成的。除了镜头和镜头周围框门那一块以外，全是木头的。体积很大，约有半米长。镜头由三块镜片组成，快门只有两个档，即B门和1/15秒。镜头和机身用皮腔连接，后面有一组硬片盒，可以安放15厘米见方的玻璃感光片。每拍一张，就要换一次感光片。搬动和使用都很不方便。

记者：您父亲早期的拍摄，用的就是这台机器吧？

旺久多吉：闭关3年，完成以后，就要云游，云游的时候，父亲就是背着那台相机，他去了康区，云南，四川的巴塘、理塘。

记者：现在家里留存的照片里面有没有他这一时期拍摄的？

旺久多吉：那个时期的照片有那么一两张，但是具体的年代，我也说不清楚。后来他也不在了，有一张拍的康巴父子，这应该是相对比较早的了，也就是他云游期间拍的。

记者：您父亲拍了多少照片？

旺久多吉：说不好，现在保存下来的底片只有300多张。

记者：那个时期用胶卷都是从哪来的？

旺久多吉：胶卷从印度来的，拉萨也可以买到。20世纪50年代新华社的很多器材都是从拉萨买，比在香港买要便宜。刘铁生所在的《解放军画报》那个时候就委托西藏买片。

记者：十三世达赖喇嘛对您父亲这么重视，他当时背着相机拍照云游，有没有遇到什么阻力？

旺久多吉：因为他是活佛，基本上没遇到什么阻力。异议倒是有。

记者：作为当时的权贵，他应该有财力换台好一点的相机呀。

旺久多吉：父亲还俗成家以后，托人从印度买回一部小型的英制“卡尔宾”（carbin）相机。铜木结构，直视取景，目测距离，装117胶卷，拍8张。虽然比现代相机落后得远，但毕竟便于携带，速度可快到1/250秒，比那台半米长的木头相机灵便得多。

把库里的大宗粮食偷偷卖给了解放军

记者：解放军进藏时，您父亲曾经开仓济粮，这一段很感人。

注 仁布钦：藏族对活佛的称呼。

注 呼图克图：清朝授予蒙、藏地区喇嘛教上层大活佛的封号。凡册封“呼图克图”者，其名册皆载于理藩院档案中，其下一辈转世，须经清廷代表（钦差）主持金瓶掣签仪式而加以承认。西藏地区这类活佛地位低于达赖和班禅，但可出任摄政。

康巴父子。 1928年

旺久多吉：那个具体我还真是不知道，我那个时候很小，1949年生的，解放军进来是1951年，我才两岁。后来我做了一些证实，因为当时嘎厦西藏地方政府有一拨人称解放军为“红汉人”，进来不给他们饭吃，看他们怎么进来。那个时候西藏地方政府向社会发布一个通告，当时主要提供帮助的还是阿沛·阿旺晋美，他是跟着先遣部队进来的，由于交通条件极差，自然环境恶劣等原因，进藏部队的后勤没能跟上，军粮遇到了困难，运不上来。阿沛·阿旺晋美带头将自己庄园里的粮食提供给了解放军。我父亲也积极响应，指示德木寺，背着西藏地方政府把库里的大宗粮食偷偷卖给了解放军。

记者：人民解放军进军西藏时，嘎厦西藏地方政府有一拨人，要在粮食供给上卡死，饿肚子比打仗可能更痛苦。可是德木老人家开仓济粮，不得了。德木在20世纪六七十年代，对毛泽东的讲话，还有所了解，说延安文艺座谈会讲话就是我们的一部“圣经”，说明他的思想，对藏汉文化的交流和藏汉关系融洽已经到了一定程度。

德木老人家，他不只是正直，他是一种民族的心情。在解放军进军西藏以前，他对中华民族藏汉的这种关系处理得就特别好，藏汉是一个民族的整体，这一点脑子里是根深蒂固的，我们认识得对吗？

旺久多吉：对。我这里有一张照片，中央驻西藏代表张经武、18军军长张国华、政委谭冠三、副政委王其梅看望我们家时的一个合影，张代表高度赞扬了我父母的爱国行动，对我父亲给进藏部队的帮助表示感谢。

记者：这张照片是我所见过的张经武，张国华，谭冠三，王其梅，同在一张画面里是最好的一张照片，同时也是他们4个人同时在一个画面中最完整的。这张照片非常有历史价值。

旺久多吉：后来我们家主要的一栋房子，就是现在拉萨虹桥宾馆那块地方，借给当时《西藏日报》的前身，那个时候叫做"西藏军区编审委员会"用了，我父亲那个时候是编委之一，他参加工作就是从那个时候开始的。

记者：西藏和平解放以后，他拍的就越来越少了。作为一个爱国活佛，他在这一时期应该有不少社会任职吧？

旺久多吉：对，20世纪50年代还拍了一些片子，20世纪60年代基本上不拍了，因为当时的政治形势，如果不是国家的新闻单位的记者，还挂着照相机转，很有可能被说成是特务。1952年他担任了西藏军区编审委员会委员，1956年担任中国佛教协会西藏分会理事、常务理事。1959年担任政协西藏自治区委员会委员。

记者：您拍了父亲的最后一张照片是吗？

旺久多吉：1973年，我还在玻璃厂工作，记得5月1日那天放假，我借了一个135相机跟几个朋友去罗布林卡玩，回家时看见父亲坐在家门口晒太阳，当时他已经病得很重了。他叫住我说，你给我照一张相吧。我心里一酸，推脱说，这个相机不太好，下次吧，我找一个好一点的相机给您拍。但父亲却说，不一定有机会再拍了。我没有太在意他的这句话，只是赶紧给他拍了一张。父亲又说，过两天是"五四"青年节，厂里应该会放假，你要记住去洗照片。我答应了。可是"五四"那天没有放假，我没有回成家，直到5月7日星期天才去照相馆洗照片，然后赶紧拿回家给躺在病榻上的父亲看。看着照片上的自己，父亲叹道，哦，确实老了！5月16日，我的父亲去世了。

中央驻西藏代表张经武一行看望德木一家时的合影。左起德木夫人、德木仁布钦及来访的翻译平措旺阶、中央代表张经武、18军军长张国华、政委谭冠三、副政委王其梅。
1952年9月

他始终有一颗平静的心，拍照时也是如此

记者：您对父亲的作品怎样评价？

旺久多吉：现在有各种各样的评价。这些评价多多少少对我的一些看法有影响。当落实政策以后，我一天到晚就在垃圾堆里面捡底片，老婆都对我有意见了。对捡来的照片，当时说句实话也没有太多的认识，只是喜欢。我喜欢摄影。我认为这些片子，我需要把它捡起来并把它保管起来，说有多少的觉悟，有多少的认识在当时都是空的。

这些底片上面有的是酥油，有的是泥巴，有的是烟灰，什么乱七八糟都有，反正都是很脏的，我就把一张一张的底片泡在脸盆里面，把水温调到20℃左右，把它一张一张泡起来，把上面那些东西取掉，在这个过程中就逐步地就看清了这些照片里面的东西。

应该说，父亲是一个摄影的超级发烧友。那个时代，他拥有两台禄莱福莱，一台镜头为F3.5，一台镜头为F2.8，另外还有两台徕卡，一台M2，一台M3，还有一部卡尔宾，另外全套的滤色镜、三脚架等，250mm以下的镜头他都有，这些他都舍不得用，更舍不得给我们用，都是崭新的。他平时就用一台蔡司依康，折叠式的，可以拍6X9厘米的片子，这台相机有时给我用。他拍照没有什么目的，只是兴趣、爱好、享受、消遣。他一生中有目的地去拍照就是1950年林芝地震后，作为噶厦政府的使者前去将灾情用图片记录下来，却没有获准。总体上看他拍的图片，上至当时的贵族，下到奴隶，因为他朋友很多，社会交往也多，他是见到什么拍什么。他修佛有成，始终有一颗平静的心，拍照时也是如此，这就使他的作品，始终给人的感觉画面很安静和谐。

十世德木仁布钦的最后一张照片。1973年5月1日

记者：听说您本人和您哥哥也被认为是转世灵童？

旺久多吉：我大概4岁时，被寻找格鲁派大活佛策墨林转世灵童的活佛拉尊仁波切认为是策墨林的转世灵童，但我父母一直犹豫不愿给。我父亲说，爸爸是活佛，哥哥是活佛，他也是活佛，哪里有这么巧？话是这么说，实际上就是不想给。策墨林寺院的僧人们在我家里等了一个月，我妈妈就劝他们，听说有个小贵族家里生了一个男孩，去那家看一看吧，这样才算是把他们打发了。我父母虽然不想让我当活佛，但还是把我送到哲蚌寺学习佛经去了。几个月后，我病了，病得很厉害，拉尊仁波切认为这是没让我当策墨林的缘故。据说这样的病只有到色拉寺待一段时间，祈求色拉的护法护佑方可痊愈。这样我又到色拉寺附近的曲定岗住了几个月。就在这时候，要将寻访到的策墨林的转世灵童报请达赖喇嘛鉴定和认证，我父亲听说三个灵童中，我的名字排在第一个，这意味着我很有可能被认定，于是便将家中从印度买回来的一架既时髦又稀罕的铁梯悄悄送给达赖喇嘛的家，请他设法把我的名字划掉，于是策墨林的灵童剩下了两个，我从此成了一个“俗人”。

我哥哥出生于1939年，他最先被认作是九世班禅的转世灵童，也有人说他是察雅活佛的转世灵童，但都没有确定，最后被肯定地认作是上密院堪布的转世灵童，所属寺院是昌都的察雅寺。他四五岁时送往哲蚌寺学习。19岁，在拉萨传昭法会上考取了一个格西[注]学位，但没多久“叛乱”发生了，他和我们失去了联系。1962年，我哥哥被寻找流散活佛的机构找到，然后被送往美国学习，如今他在美国定居，用英文弘扬佛法，尤其擅长以现代西方人的观念进行讲解，因此拥有很多西方弟子，是一位很有影响的格鲁派大活佛，被称为“格列仁波切”。

[注]格西：藏语“格威西联”的省音，意为“善知识”。藏传佛教格鲁派寺院的学位。喇嘛按顺序学完必修的经典后，可以考取不同等级的格西学位。以后即可任札仓(僧学院)或中小寺院的堪布(最高主持人)。

给佣人照相。1950年

远眺德木寺。1945年

藏军军官的服饰。

常到德木府造访的尼泊尔商人。20世纪40年代

雍布拉康。20世纪30年代

强巴佛像。20世纪30年代

德木夫人与管家桑耶堪曲等人。
20世纪40年代

▶两位拉萨妇人。20世纪40年

德木寺的管事们。1946年

德木和夫人在拉萨家中。
1951年

宗同昌

探寻遥远的故事

寻遥远的故事　探寻遥远的故事

探寻遥远的故事

以文字和图片揭开古格这一古老文明的神秘面纱是我一直坚持的理由。

——宋同昌

探寻遥远的故事

口述人：宗同昌　采访人：刘彬　时间：2009年6月14日　地点：北京朝阳区安贞

宗同昌，1949年出生于河北唐县，1978年在《美术》杂志从事专业摄影，1979年6月调入故宫博物院从事文物摄影。1985年第一次参加国家文物局组织的西藏阿里文物考察队并赴藏工作，1986年1月《西藏万里行》个人影展于北京民族文化宫举行，1995年应中央统战部邀请赴藏拍摄画册《扎什伦布寺》。

1997—1999年参加国家文物局组织的西藏阿里文物抢救办公室并数次赴藏工作，2006年8月到10月第8次考察西藏阿里。拍摄出版《中国美术全集》10余本，编辑了《古格故城》等图书。

中国摄影家协会会员，中国文物保护技术协会会员，清华大学美术学院客座教授。

托林寺出土的壁画残片。
1998年

注“四月影会”：1979年4月成立，是“文革”后中国第一个民间摄影组织。主要成员包括王志平、李晓斌等。成立后，立即举办了《自然·社会·人》艺术摄影展。在当时引起巨大轰动和争议。此后，“四月影会”又于1980年和1981年举办过两次展览。

宗同昌早年参加过“四月影会”注，从这一点来说，他是摄影界的“老人儿”了。他师从老一代摄影家黄翔、敖恩洪，至今他的居室里还挂着黄翔给他题的字“难能者可贵”。1986年1月，由国家民委、故宫博物院、西藏自治区文化局、文物出版社、中国摄影家协会等单位在北京民族文化宫举办了《西藏万里行宗同昌个人摄影展览》。展览由中国佛教协会会长赵朴初题词，十世班禅额尔德尼·确吉坚赞和中国美术家协会主席吴作人剪彩，中央电视台、人民日报等媒体作了报道。但此后20多年，宗同昌在大家的视野中消失了。就像每个人走的路不同，结局也会不同一样，宗同昌走出了一条有别于大多数摄影人的艰辛之路——面对着古格壁画正在被侵蚀和破坏的现状，他选择了西藏，选择了抢救式地拍摄西藏的遗址、文物，尤其是那些濒危并亟待保护的精美壁画。

其实我很早就迷恋西藏

记者：您是从什么时候开始喜欢摄影的，有什么渊源吗？

宗同昌：我从小就喜欢画画，十几岁时经常去黄永玉等一些著名画家家里，跟他们学画画，或是拿着自己的画儿请他们指点。因为摄影和绘画最接近，所以后来就又迷上了摄影。黄翔先生一次把《芥子园画集》拿给我说：“中国人的构图本事，欧洲人都比不上。”告诉我，摄影必须从美术入手。也许是我有一些美术基础的缘故吧，我拍出来的照片总比别人的稍微好一点儿。黄永玉先生经常看我拍的照片，在他喜欢的照片上题上字，尽管他是画家，又会写文章，可好多人都不知道，他的摄影作品同样非常棒。他很早就拥用一台禄来相机，我的第一批柯达胶卷就是他送给我的。我的《西藏万里行》个人摄影展也是他主动倡议并亲自找民族文化宫的张甫民馆长促成的。

记者：我曾听说您喜欢上摄影是因为物理课。

宗同昌：我第一次接触摄影是在中学的物理课上，在课上洗黑白照片，后来就自己买了相机去拍。那会儿还给《北京日报》投过一些稿儿，那都是20世纪70年代的事儿了。

记者：您当时是以摄影师的身份走进故宫博物院的吗？

宗同昌：那时我在《美术》杂志工作，拍一些美术家的画作、雕塑，像钱绍武、刘焕章、泥人张的雕塑，平面的、立体的都有，没事时到老先生家去取取稿子，跑跑印厂。当时故宫博物院的副院长杨伯达考察西藏，他在西藏看到好多很珍贵的文物没有得到很好的保护，很着急，就特别想找一个能吃苦的年轻人跟他一块儿去拍，就这样选中了我，没几天时间，就把我从《美术》杂志调到了故宫。

记者：您第一次去西藏是1981年？

宗同昌：对。因为1981年要布置人民大会堂的西藏厅，需要很多西藏的图案资料，于是我被借调到人民大会堂，随后就去了藏区，搜集资料。

记者：第一次去西藏，西藏给您留下了什么印象？喜欢那里吗？

宗同昌：其实我很早就迷恋上了西藏，因为跟我从小一块儿长大的画家韩书力，他年轻时就去了西藏工作，现在是中国美术家协会理事，西藏自治区文联主席兼美协主席。我的中学美术老师余友心也去了西藏，现在是西藏自治区美术家协会副主席。他们创作了许多关于西藏题材的美术作品，我也深受他们的影响，开始喜欢上了西藏。西藏的神秘和神圣一直吸引着我，我一直对雪域高原有一种向往。

宗同昌在雅鲁藏布江上。2001年

记者：后来再去西藏又是因为什么机缘？

宗同昌：后来再去，是因为西藏文联要准备举办一个《西藏民间雕刻展览》，这个展览1985年在中国美术馆举行。因为西藏的大部分雕塑都在野外，一些重要的石雕，像摩崖石刻、玛尼石刻，它们是田野艺术，是不可移动的，只能靠照片去展览。于是，自治区文联把我借调到西藏，那个时候，我把西藏大部分地方都跑了一遍。

记者：那次展览展出的作品全部都是您一人拍摄的？

宗同昌：对，整个展览没有一件实物，都是大照片。当时这个展览由十世班禅和中国美协主席吴作人剪彩。

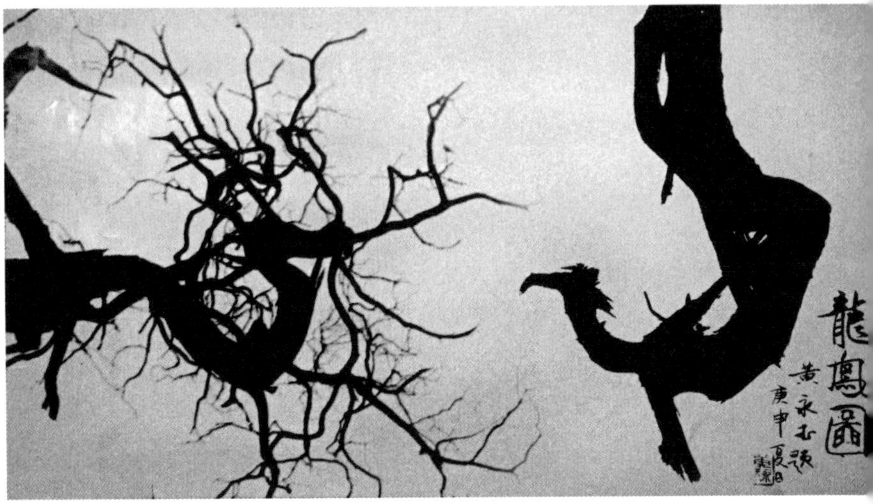

参加“四月影会”的一张作品，由黄永玉题词。1980年

记者：在展览上，也许您在拍摄中的艰辛会被一幅幅作品的光芒所掩盖，人们看不到其中您付出了什么？

宗同昌：没想那么多，我们所考察的重要雕塑，不管是文物价值还是艺术价值都是极为珍贵重要的。让我担心、痛心的是，这么好的艺术却散落在山野，鲜为人知。我把这些历史遗存拍摄下来，仅仅是简单的记录，它们随时都面临着自然和人为的破坏。把它们拍摄出来，印成画册，才能让更多的人知道、去欣赏、去研究，享受古代文明给现代人带来的感动，这也是一种保护。

许多镜头都是躺在泥里拍摄的

记者：您第一次去西藏是因为人民大会堂西藏厅的布置，第二次是为了文联的展览，您在古格王朝的考察拍摄又是怎么开始的呢？

宗同昌：1985年，我利用三个多月的时间完成了西藏自治区文联的西藏雕刻展的拍摄，还没有回北京就接到了国家文物局的电话，国家文物局要组织一个考察队去西藏古格王朝考察，问我能不能去。那个时候我已经在西藏跑了3个多月，非常疲惫，可是我仍然觉得这是个千载难逢的机会，因为古格王国遗址是全国首批重点文物保护单位之一，但是当时人们对它的考察和了解却非常有限，少之甚少。只有通过考古调查，对这里残存的建筑遗址、雕刻、造像和壁画进行编号，建筑测量、文物档案建立等一系列的系统调查研究工作，才能逐步揭开古格王朝的神秘面纱。就这样，我参加故宫博物院和陕西考古所、四川大学等几个单位组成的联合考察队，第一次去了古格。

记者：古格是一段尘封的历史、一个庞大的载体，对于它是不是比对此前西藏其他地方更加急迫地想去了解、认知？

宗同昌：我从1981年开始接触拍摄西藏题材后，就迷上西藏了。当时雄心勃勃，想把所有的藏区都跑一遍，包括云南藏区、青海藏区、四川藏区、甘肃藏区，虽然这些地方我也都跑了，可这样走了一遍之后我觉得像是蜻蜓点水、走马观花，不可能太深入。1985年，当我去了古格王朝之后，发现这里文物遗址众多，壁画气势宏大，风格独特，像谜一样吸引着我，我就

古格王国遗址。1997年

认定了古格王朝[注]，必须要长时间深入地拍摄和研究。

记者：您还记得第一次去阿里拍摄的经历吗？

宗同昌：阿里离拉萨还有2000公里，中间有1000多公里的无人区，当时的路况很差，有的地方几乎没有路，连沙石路都算不上。有时候一天才走10公里、20公里，有时开车甚至比步行的速度还慢。在阿里没有加油站，所以我们第一次去是两辆旧的北京吉普212载人，一辆旧的解放车拉油和装备，风餐露宿，车也修修补补、走走停停，总共用了14天才从拉萨赶到阿里。

在第一次考察时，国家文物局没有古格王国完整的资料。我的工作主要是拍摄遗址壁画，单是壁画拍摄就花了3个多月的时间。后来，文物出版社编辑出版了《古格故城》发掘报告，1997年江泽民主席访美，这套书还作为礼品送给了克林顿总统。

记者：当时看到这些规模如此庞大的壁画有什么感受？

宗同昌：震撼！在170年以前，就是摄影术发明之前，很多历史事件、人物形象都是靠绘画记录的。在西藏绘画分成两种形式，一种是画在布上的卷轴画，可随身携带，叫唐卡；另一种是画在墙壁上的，是壁画。西藏的壁画大概分两个种类，一类为主供佛，都按照固定的粉本

[注]古格王朝：公元十世纪前后，由吐蕃王朝末代赞普朗达玛的重孙吉德尼玛衮在王朝崩溃后，率领亲随逃往阿里建立起来的。古格王国遗址在阿里札达象泉河畔的一座土山上，占地约18万平方米，是全国第一批重点文物保护单位之一。整个遗址建筑共有房屋洞窟300余处、佛塔（高10余米）3座、寺庙4座、殿堂2间及地下暗道2条，分上、中、下三层，依次为王宫、寺庙和民居。外围建有城墙，四角设有碉楼。在其红庙、白庙及坛城殿的雕刻造像及壁画中不乏精品。

绘制，叫“造像量度经”，有严格的规范，不可随意改动。另外的一类，它根据当时的社会状态、历史背景，真实记录一些重大活动，如法会、庆典、节日、农耕，甚至将建寺的整个过程等题材绘制成壁画，作品形式活泼，工匠们充分发挥想像的空间，像《清明上河图》一样，记录下了当时汴京的市井文化。作为一个摄影者，看到这种形式更亲切、更感动。

记者：在那里，绘画是他们文化传播的主要手段吗？

宗同昌：是的。因为它比文字更具像，更能形象地把风土人情展现出来。我觉得，把这些壁画记录下来是当务之急。因为阿里地广人稀，保护这些壁画很困难，很难会有人长时间蹲守洞窟。除了人为的破坏，还有风、雨等各种自然力的侵蚀，因为其中很多殿堂都是土坯砌起来的。虽然壁画绘制得精细，可毕竟墙体是土坯的，赶上雨季，年久失修房顶漏雨，造成墙壁坍塌，壁画自然也就没有了。我20多年前拍摄的壁画，现在有的已经不存在了，只有在我的底片上才能看到它以前的样子。这些图片对于研究古格或者将来修复壁画，都是珍贵的第一手资料。

记者：在这些壁画里面有没有让您印象特别深刻的？

宗同昌：那太多了。你想一个王国雄踞了700年又在400年前突然消失，你可以想像能够留下来多少大规模的遗址和遗物，包括寺院壁画。比如：反映当时古格红殿庆典的盛大场面，国王坐在主要位置，周围是他的臣民，另外还有吹唢呐、击鼓、敲锣、耍狮子、跳舞的场景，不同阶层人物的各种服饰也都有精细的描绘，展现了当时隆重的节日气氛。在国王世袭图里，有历代国王的详细描绘。阿里壁画近几年又新发现了关于噶举派创始人米拉日巴的壁画，详细地描述了他的生平，包括他与阿里的本教大师在冈仁波齐峰斗法的精彩场面，这是非常重要的发现。

记者：您是如何拍摄如此庞大的题材的？遇到了哪些困难？

宗同昌：因为要详细地记录考察资料，就必须系统地拍，包括残缺的壁画，拍完一个殿堂，就应该能把壁画在电脑里衔接起来，最终呈现一个完整的殿堂。殿堂有的地方都是六七米高，如果我要拍一个顶天立地的主供佛，必须找到它的中心线，这就必须搭架子拍，不然，拍出来的人物也就变形了。

我还拍了很多天花图案，按俗话来说叫顶棚，术语叫天花或者藻井。它是每2米左右一个格，需要一条一条地拍，为了让它能够拼接起来，必须要有准确的记录。对焦的时候，必须躺到地上才能把焦距调好，站起来就头晕眼花，得赶紧抱住一根柱子，因为那时我已经在西藏工作半年了，体重掉了20几斤，身体已经非常虚弱了。在这种情况下，也得咬着牙干。更糟糕的是，当时正是雨季，殿堂里灌进了水，实际上，许多天花都是躺在泥里拍摄的。

托林寺白殿壁画：庆典图。1998年

古格红殿壁画：舞狮。
1999年

记者：您如何选择焦距？

宗同昌：尽量用中焦，选择广角的话，拍出的四个角会发暗或变形。当时那个年代又没有photoshop这样的后期图像处理软件，只能用胶片，所以那个时候真正扎实的摄影技术才是决定照片一切的根本。

记者：那个时候您用的是什么相机？

宗同昌：用日产的Horseman（骑士），还有林哈夫4X5等。

这些年，多少朝夕相处的哥儿们倒下了

记者：在几乎没有人烟的地方，危险随时存在，您遇到过哪些危险境况？

宗同昌：那是家常便饭了，在路上，泥石流、翻车、陷车我们都遇到过，也就习以为常了。工作时，我有一次在古格山顶拍一个叫金科拉康的殿堂时，山下每天要往山上送一次饭，但当时考古队和当地的村民发生了激烈的纠纷，一时把在山上干活的这几个人给忘了，两天没有送饭上来。本来身体就已经很虚弱了，结果又得了感冒，在高原感冒是非常危险的，因为感冒容易得肺水肿，严重时会转为脑水肿。当天夜里我就发起烧来，自己知道，可能熬不过这一夜了，模模糊糊地把以前的经历回想了一遍，就昏睡过去了。没想到，第二天居然被别人推醒，我被别人搀着下了山，躺了好几天才勉强能站起来。还有一次，我们沿着象泉河考察岩画，它有一段几百年没有人走过的路，离河岸很近的一段被冲断了，一侧是悬崖、一侧是湍急的河水，要想过去只有下水了。我拿石头探了探水的深浅，觉着自己水性好，不会有问题就下去了。没想到水流太急，人就像树叶一样给卷到漩涡里了，呛了不少水，但最终还是爬了上来，类似危险的事儿发生过很多次。毕竟许多遗址周围几百年都没有人烟，到处是陷阱，处处有危险。在日土县考察时，为了考察一处遗址，被陷在了沼泽里，又险些丧命。经历了这么多次危险都奇迹般地挺了过来，我还是非常幸运的。

但是这些年，多少朝夕相处的哥们儿却倒下了。给我开过车的扎达县办公室主任李柏灵在一次去阿里的路上，晚上休息时要烫烫脚，刚一坐下往后一倒，就没气儿了。第二天我们在大野地里找了几个废轮胎，把他架上就这样火化了，拍了几张现场照片，抓了一把灰带给他妻子，算有个交待。这个精明强干，相貌堂堂的汉子走时才30多岁。

那些年配合我们考古发掘的县文化局局长尼玛次仁，在回日喀则探亲的路上，差几个小时就到家了，路上翻车死了，也是30多岁。与古格一河之隔有一个遗址，叫萨岗寺，考古时我们认识了4个内地人，在那里种菜为生。一次其中一个病了，另外3个人把他往20公里外的县城抬，在半路上人就不行了，是胃穿孔死的。

中国文化遗产研究院院长张廷皓，是我多年的朋友，2006年在古格碰见了他，因他满脸血痂没有认出来。他见到我第一句话就问："老宗，这么多年，你是怎么活过来的？"我付之一笑。原来他率一支国家文物局考察队来阿里，半路上，车翻了，同车的研究院总工程师付清远颅底骨骨折，出事后，没一会儿头肿得就像水桶般大了，赶紧送回北京抢救。张廷皓也被摔得头破血流，坚持到了阿里，不愧是位地质学家的儿子。他的父亲是张伯声，中国科学院院士。

象泉河谷。1999

阿里考察途中。2001年

张廷皓做了多年陕西省文物局局长，后来又调到北京任中国文化遗产研究院院长。20多年间，他为阿里考古在人力、物力上给予了很大的支持。临退休前，想亲自在古格遗址上站一站，一了多年的关注和牵挂。

阿里地区文化局局长赤烈的儿子是我们看着长大的，他在内地上完大学，就回到阿里工作。2008年3月在去阿里开会的路上，赶上了暴风雪，冻伤了双腿，人们用最快的速度送到北京301医院救治。3个多月后，出院时还是被抬着回来的，双脚被截肢了。那个赤烈局长与我同岁，前年他在拉萨住院时我去看望他，他说医生告诉他，以他的身体状况，不能再回阿里了，但他可是个土生土长的阿里人啊。

阿里政协副主席王慧生是我小学同学，他在阿里时，当过地区党校校长。他自己节衣缩食，将省下的工资都送给了贫困牧民。他没有利用职权给妻子找份好工作，妻子仍旧在街边卖豆芽。2008年，他在回阿里的路上得了肺水肿，被运到成都抢救，医生告诉他，再也不能回阿里了。他在电话里遗憾地说："我再也回不去了！"我能理解他的心情，他还没有退休，在阿里工作已经30多年了，多想站好最后一班岗，那里的老百姓也离不开他。

我女儿从清华大学美术学院毕业的第三天我就带她去了阿里，让她看看我热爱的第二故乡，让她独自在山洞里临摹壁画，让她在干尸洞里呆一呆，让她体会踩在重重叠叠干尸上的感觉。为什么这么做，我自己也说不太清。

阿里到底是魅力还是魔力，让我们这些人对那里情有独钟，是命运还是使命？还是物以类聚了一批人？藏传佛教有一种修行叫苦修，其中一种修行又叫尸林修行，要能在白骨和尸体堆上做到坦然淡定，用我们的话说，就是在最艰苦最恶劣的环境中锻炼自己吧！

阿里就像一本大书，每次去仅给你看一个章节

记者：您就这样义无反顾地接受了国家文物局的多次任务？

宗同昌：大部分是完成国家文物局的任务，因为我们多次去，比较熟悉那儿的情况。人民网认为对阿里文物保护贡献最大的有4个人，我是其中之一。这些年经过我们的努力，使得古格知名度大了，而且国家文物局前后投入了3000多万元对这里的寺庙进行了维修。2004年西藏地方志办公室邀请我和陕西考古所副所长张建林编制阿里地区地方志，我们用两个多月的时间，马不停蹄地把阿里7个县又跑了一遍，以前其中3个县没有文物遗址的记录，是个空白，这次不但填补了这个空白，还新发现了40多处遗址，其中有几处属于重大发现。为了很好地保护这些遗址，具体位置都用GPS测量了，但在正式大型发掘之前，不能公布它们的具体位置。其中一处金字塔型的建筑，是阶梯型的，在埃及的早期金字塔中也有这种形制，对于它还要进一步发掘才能知道更详细的情况，阿里和埃及有什么关系又是一个新的谜？同时还发现了大量的

岩画遗址和列石文化。

记者：岩画更为古老？

宗同昌：它有上万年的历史岩画是最早记录了古代先民活动的场面，包括狩猎、放牧、祭祀等活动，因为那时仅出现一些符号，还没有文字，已经有本教的雏形。岩画是用更坚硬的石头在石壁上雕凿出来的图案，内容丰富，非常有价值。

记者：像这样的考察，每一次你们会去多少人？

宗同昌：不一样，有时候十几个人，或二十几个人。作为搞摄影的，经常要单独活动，我在阿里拍摄过近百个遗址，为了拍大场面，拍一张鸟瞰图片，必须要爬附近最高的一个山，在这个山上才能找到好的角度，这个事情基本上都靠我独立完成。三脚架、器材都要自己往上扛，还要等时间，等光线比较理想时才能拍得更漂亮一点儿。如果要拍早晚色温低时的暖色调，就需要提前上山架机器，有时候拍完时日落下山，天已经黑了。

记者：在阿里，哪些考察是比较有影响力的？

宗同昌：阿里遗址最集中的是札达县，它是藏传佛教后宏期的发祥地，它不单单是一个遗址，准确地讲，它是藏传佛教的一个圣地。它的周围，还有几十个卫星城市的遗址，都有待详细考察。札达县还有一个叫东噶的洞窟遗址，经过我们努力，现被列入全国重点文物保护单位了。它的形制非常像印度的阿丹旃陀石窟注，洞窟是在悬崖上掏挖出的，非常壮观。

记者：阿里您去了几次？

宗同昌：前后一共去过8次。去一次不容易，每次我们最短也要待上三四个月，长则要待上半年，这样才能考察到更多的内容。藏传佛教噶举派注的创始人米拉日巴在藏传佛教里是非常重要的人物，可是对于他的研究和他真正活动过的地方以及反映他的一些图像资料很少。我们第7次去的时候，在象泉河一条支流的一个山洞里发现了描述米拉日巴的壁画，内容是他一生中的重要历程，包括他与本教大师在岗仁波齐峰斗法的精彩场面，很难得。阿里就像一本大书，每次去都有新的收获，但每去一次仅给你看一个章节，不过它究竟有多少章节却又不会让你知道，所以刺激你不断往返，乐此不疲。

注 阿丹旃陀石窟：位于印度的Ajanta，系印度古代佛教徒作为佛殿、僧房而开凿的。共29洞。约从公元前1、2世纪至公元6、7世纪，营建达700余年。有石雕佛像、藻井图案和壁画等。现存最多的是壁画。主要表现佛的生平故事和印度古代的宫廷生活。

扎达的传统舞蹈：旋舞。1999年

东噶洞窟。1998年

拍壁画要靠知识、经验、读书和请教

记者：有没有拍一些阿里的自然风光？

宗同昌：早年有，也参加过摄影比赛，后来顾不上了，对风花雪月、梅兰竹菊的题材不感兴趣了。我仅把摄影当成工作，摄影是记录的手段，不刻意地追求朝霞、晚霞，有彩虹的风光片了。如果赶上了也拍，我觉得抓紧时间记录那些将要消失掉的遗址、壁画、雕塑更重要。实际上，人文的东西我也是一直没有间断地在拍，包括民居、服饰、生产工具、劳动场面、重要人物的肖像，而且还是逐年跟踪地拍，如十世班禅、热振活佛、十七世噶玛巴、绘画大师安多强巴……他们是不可复制的人物，也是一段历史。

记者：拍摄壁画会不会很复杂？会不会限制了您个人摄影的发挥？

宗同昌：实际上，拍壁画并没有什么复杂的，一个是不要把它拍得变形，而且一块一块壁画，最后制作的时候应该能够衔接上；另外一个就是曝光准确、布光均匀，色彩还原准确。当时我带的是灯光型胶卷，用发电机作为电源，灯光日光不能混合，所以只能夜里拍摄。

注 噶举派：藏传佛教的重要的宗派之一。藏语“噶举”一词可理解为教授传承。噶举派注重密法的修习，而修习密法又必须通过师徒口耳相传的途径。

记者：这些器材、工具都是您一个人背上去？

宗同昌：也有助手。有时候雇一些当地的老乡，可是当地的老乡有的活儿不会干，比如搭脚手架，就得我亲自动手，顶多让他们扶一扶。

记者：您会说藏语吗？

宗同昌：简单的都会，因为待的时间长了。

记者：每进入一个窑洞，您是如何找准最重要的拍摄点的？

宗同昌：因为接触时间长了，就不会盲目地去拍了。有时候考察一些地方，在每个遗址上待的时间并不会太长，所以你要知道拍它最重要的东西，最关键的东西，注意细节。阿里特别缺乏木材，建寺木料都是从印度和尼泊尔靠牦牛驮运进来的，它每根木料都不超过2米，有的殿堂立柱是用3根或4根木头接起来的，这些个细节都要观察到、拍下来才能说明问题。有些佛像、壁画要能够分辨出它的年代，起码你应该把最珍贵的壁画或者最早期的壁画先拍下来。重要壁画还要拍局部和细部，这些都要靠知识、经验的积累，读书和请教。

记者：有没有拍到让您自己很满意的照片？

宗同昌：我觉得比较少，有不少遗憾，现在有想法了，可年龄又大了。我觉得有些壁画并不是我拍得有多好，主要是它画得太好了。比如：拍雕塑时要讲究用光，起码人家那个塑像塑得好，再加上你的用光和角度，印到画册上效果才会更好。

记者：有一幅您拍的佛像作品我在许多书刊上都见过。

宗同昌：那张照片是我们在托林寺考察时拍的，托林寺是国家级重点文物保护单位，它残存的佛像都是这个寺庙后期的，早期的雕塑很少。幸亏发掘出来一个早期佛头，风格是受犍陀罗文化影响，这个塑像有半个脸保存得不太好，我用光的时候，把它脸好一点的地方留在受光面。另外，为了表现它是从废墟里挖出来的，我用了一块残经书当背景。有时没有灯光，只有靠自然光，就是日光去拍，为了解决这个问题，我在露天搭一个小帐篷，其他地方遮黑，想要哪个方向的光，就在哪儿开孔，让光线进来，想柔和就加柔光纸，这样就起到影室灯的作用。我时常在想，当别人看到这幅图片的时候，他们绝不会考虑到你的拍摄条件会怎样恶劣，观众要求的是效果，你不可能说当时的条件不好就可以拍差一点，给自己找理由，这是不对的。

记者：您拍摄的这些作品主要还是用于一些美术方面的书籍，供他们收录？

宗同昌：其实，一是用于考古研究，出版考古发掘报告。二是美术研究，作为艺术欣赏，这些都是必不可少的图像资料。这些年我拍了十几本中国美术全集，如古格壁画卷、西藏雕塑卷、《宝藏》画册，基本上都是工具书。

记者：您拿到书以后，看到自己的作品，您会如何评价自己的作品在其中的意义和价值？

宗同昌：欣慰的是能让更多的人了解阿里，欣赏到阿里的壁画、塑像；心里不安的是，如果胶卷再充裕一点儿，条件再好一点儿，时间再充裕一点儿，还能够拍得更好一点儿。所以对自己拍的东西总是不很满意。

记者：您也为胶片发愁？

宗同昌：每次考察都有经费的控制，雇民工、租车，有很多费用要支出。尤其是在上世纪80年代拍摄的时候，胶卷不可能敞开地用。我基本上能够做到百发百中，反转片宽容度很小，差半档效果差，差一档就几乎不能用了。基本上我做到每张都能用，这基本功是我们这代人过苦日子逼出来的。

托林寺出土的早期佛头。1997年

记者：这些不在计划内的拍摄，有没有到后来是您认为很重要的，大家也认为非常有影响力的文物遗址？

宗同昌：2004年，给阿里编地方志去拍东西，新发现了40多处遗址，其中有几处是寺院遗址，壁画量很大。因为阿里山高路远，大部分遗址没有专人保护，很担心不知道什么时候被偷、被毁。我觉得当务之急是把它拍下来。这些年好多过去拍过的壁画已经没有了，一个是自然损坏，一个是人为的。所以呢，我急是急在这一块。因此每次去都要带大量的胶卷。每次去阿里，安检时我怕胶卷过X光受影响，就把胶卷单装到一个包里，光带胶卷就已经超重了，那些胶卷就超过20公斤了。我带的胶卷种类多，4×5、120、135的胶卷都带，黑白、彩色、正片、负片都有。重要的东西，几种胶片都用，万一哪个相机有问题，损失是不可挽回的。这样，每次都把20多公斤的胶卷拍完才回来。用坏的相机也很多，因为它经不起路上的颠簸，有时还没到阿里，相机就已经颠坏了，一摇相机只听见哗哗作响，有的螺丝都掉了，这就像人，人要是没皮包着，骨头架子也就散了。

记者：在您这么多年的拍摄当中，有没有发生过重大失误？

宗同昌：近几年去阿里考察，我特意买了一个6×17的相机，这样才能够更清晰的把一些遗址的大场面展现出来。有一次，里面那组镜头颠松了，焦距自然不对了，当时也没发现，等回来一冲洗才发现不对劲，影像都是虚的。幸亏这些地方用其他画幅的也拍过，可是毕竟不如6×17的效果好，非常遗憾，这都是教训。

记者：当时拍的是什么内容？

宗同昌：一些遗址和外景，比较大的遗址如古格王国遗址、托林寺[注]遗址、穹隆遗址、岗底斯山主峰、那木那尼峰、象泉河谷、扎达土林地貌，这些地方都属于恒河和印度河的上游，地貌很奇特。

幸运成为雪域高原文化研究的先驱者

记者：什么样的东西最能吸引您？

宗同昌：我觉得人人都有一种发现的快乐，探索的兴趣，通过你的学识、经验，就能准确地在一个名不见经传的地方有新的发现衔接一段历史。比如在西藏发现玉兔捣药的图案、代表日月的三足鸟和蟾蜍图案等，那时佛教还没有出现，汉文化就已经使用这个图案了。可这些图案又是怎样奇妙地传入雪域高原的呢？又如黄河流域的马家窑文化彩陶上出现的卐字符号，在阿里的岩画上也有，他们是怎样相互影响的？美的东西是人们生活的一种营养和乐趣，它是人们最直接享受的东西。它和艺术家纯粹为了表达个人情感不同，它属于民俗文化。美的符号、

注 托林寺：位于中国西南部西藏自治区阿里地区扎达县城西北的象泉河畔，始建于北宋时期，是古格王国（公元10—17世纪）在阿里地区建造的第一座佛寺。1996年被列为“国家一级文物保护单位”。

民族的图腾，画在墙壁上或者是生活用具、器皿上，是人类进程的记录。

记者：这些都是民间很普及的实用艺术。

宗同昌：在阿里，有一个文化现象叫列石文化，它是人类最早留下来的痕迹，国外已经开始注意这方面的研究了，而我们的研究几乎为零。通过考察，我们在阿里发现了大量这种文化现象的存在。

有的石柱子都有两三米高，这个石柱子是怎么开采下来的？也是个谜，因为没有雕凿的痕迹，那会儿还没有金属工具的出现。这个石柱子到底怎么采集下来的？另外在有列石的地方，都能够捡到大量的打制石器，打制石器是古人类最早的切割工具。说明世界屋脊的阿里有早期人类生存，逐渐产生了苯教，1000年前，又有了藏传佛教一个完整的人类发展脉络。国际上检验一个国家考古方面的成就，就是看你对草原文化的研究水平。西藏阿里也属草原文化，这里是万河之源，早期人类逐水草而居，我只是利用摄影手段把发现的现场真实地拍摄下来而已。列石文化的用途最终还没有统一的解释，墓葬说、祭祀说、路标说、生殖崇拜说，对于雪域高原的这种文化现象的观察和研究才刚刚开始。荣幸的是，我是先驱者之一，我已用摄影和文字对这种文化现象作了大量的记录，以待研究。

记者：为了能拍到更有价值的文物，您做了哪些积累？

宗同昌：我曾经作为图片主编参加了《中华古文明大图集》、《少数民族史图录》、《西藏雕塑全集》的编辑工作，因为那里面涉及的内容很多，需要你对中华古文明各学科东西都要

扎达土林地貌。1999年

有所了解有所研究，你才能选出和拍出最好的图片。单就西藏来说，它是一个特殊的地域，受周围几个国家和地区文化的影响，南边有尼泊尔和印度，西边受犍陀罗、拉达克、克什米尔文化影响，北边又有新疆伊斯兰教文化的影响，东边受汉文化影响。甚至受希腊文化影响，这些文化的影响大部分都体现在无处不在的图案运用和生活器皿造型上，这都需要在浩如烟海的书籍中去寻找比对。

记者：恶劣的环境磨砺了您的身体和心智，2004年，您去了新疆，徒步横穿了塔克拉玛干沙漠，您其实也是想借此机会考察一下吧？

宗同昌在阿里神湖。2001年

宗同昌：2004年，我应邀参加中日塔克拉玛干沙漠探险，主办方特意邀请了两个中国人，我是其中一个。经过73天的努力，我是唯一一个完成了全程徒步穿越的人，无意间填补了一个世界探险史的空白。当时是新华社发的消息，几十家媒体都作了报道。在唐以前西藏叫吐蕃，它曾经占领过河西走廊，也包括新疆的一部分地方，在那些地方也有好多寺庙遗址。为了研究好西藏阿里，新疆河西走廊也需要做考察和研究。这些年我考察过楼兰罗布泊、土垠、太阳葬墓地，克孜尔千佛洞，敦煌，甘肃马蹄寺，阳关，玉门关这些地方，收获很大。南疆出土过许多擦擦（小型泥制佛像），和阿里同属一种类型。敦煌和河西走廊的吐蕃时期壁画甚至和西藏的壁画惊人地相似，简直就像是同一批工匠画的，或者说依照同一个范本绘制的，这些不经过比对是发现不了的。所以，只有将这些地方都深入考察后才能做到。

喜欢慢慢成了一种责任和生活方式

记者：您现在还在关注西藏阿里的考察吗？

宗同昌：接触藏传佛教快30年了，积累的文字资料和图片资料都很多，当务之急就要把这些底片整理编号，再做进一步的研究。

记者：您拍这些拍了有28年，是因为它要消亡了而进行抢救式的、带有责任感的拍摄，还是因为您真的喜欢它？

宗同昌：我觉得先是喜欢，慢慢成了一种责任和一种生活方式，不然坚持不到现在。我最初想当一个画家，想通过自己的画笔描绘美好的东西或者传达自己的审美和情感，尤其到了故宫工作之后，看到最好的历代绘画，那都是我们的老祖宗留下的智慧和财富啊。我画不过古人，索性放下画笔，去发现、去保护精彩的绘画，拍摄下来让更多的人去饱眼福。从小我就喜欢体育，身体素质还不错，也支撑着我坚持了这么多年。有一年，在开车前往阿里的途中听到刘欢的一首歌，“千万里，我追寻着你，可是你并不在意”，歌唱完时，我已泪流满面。长时间在阿里工作，必须有所舍弃，忍受孤独和寂寞。孔子讲：“知之者不如好之者，好之者不如乐之者。”

记者：谈谈您对古格文化的评价。

宗同昌：我在为《中国国家地理》杂志写的一篇《世界屋脊的绝唱》中这样评价道：“古

格文明的价值与它现在的知名度相比是不相称的。其实古格王朝无论遗址规模和气质还是其壁画给人的美感、震撼都不亚于楼兰，甚至也完全可以与敦煌壁画相媲美，但是古格却没有楼兰和敦煌那样的知名度。敦煌学已经100年了，而古格学才刚刚开始，其中的原因一是它没有处于楼兰和敦煌那样的东西文化交流的要道口，二是在文化上，对于习惯了中原文化的我们，古格是陌生的，这是我自1985年8次深入中国西部这最神秘的王国考察所体会到的。以文字和图片揭开古格这一古老文明的神秘面纱是我一直坚持的理由。”

记者：您怎样理解学者型摄影师？

宗同昌：一个人的生命很有限，该做的事很多，好的摄影家应向其他学科的专家学习并与他们交流，要对世间一切有独特的见解，要有自己的选题，有读书并做读书笔记的好习惯。自己的图片自己能够配合适的文章，不求一时但求一世，坚持不懈地走下去发掘自己的潜能，才能渐入佳境，这也是对我自己的要求。

穹窿遗址地貌。1998年

上图：托林寺白殿壁画：持贡品的天女。1998年

左下图：扎达托林寺壁画残块。1998年

右下图：托林寺红殿壁画：龙女（与汉族传说中的女娲比较）。1998年

托林寺壁画：释迦牟尼降生图。1998年

托林寺迦萨殿佛背光。1998年

托林寺红殿壁画：力士。
1998年

▶ 托林寺红殿壁画：天女。1998年

古格红殿壁画：庆典图。

1998年

古格壁画：迦陵频迦鸟。
1997年

古格红殿壁画。1998年

1.扎达东嘎石窟壁画：十一面观音。1998年

2.古格红殿的托木。1998年

3.扎达东嘎壁画：四喜人。1998年

4.扎达东嘎藻井：双狮。1998年

1	2
	3
	4

波林遗址全貌。1998年

波林遗址。 1999年

托林寺残塔内的雕塑和壁画。
1998年

东嘎壁画：藻井和坛城。
1998年

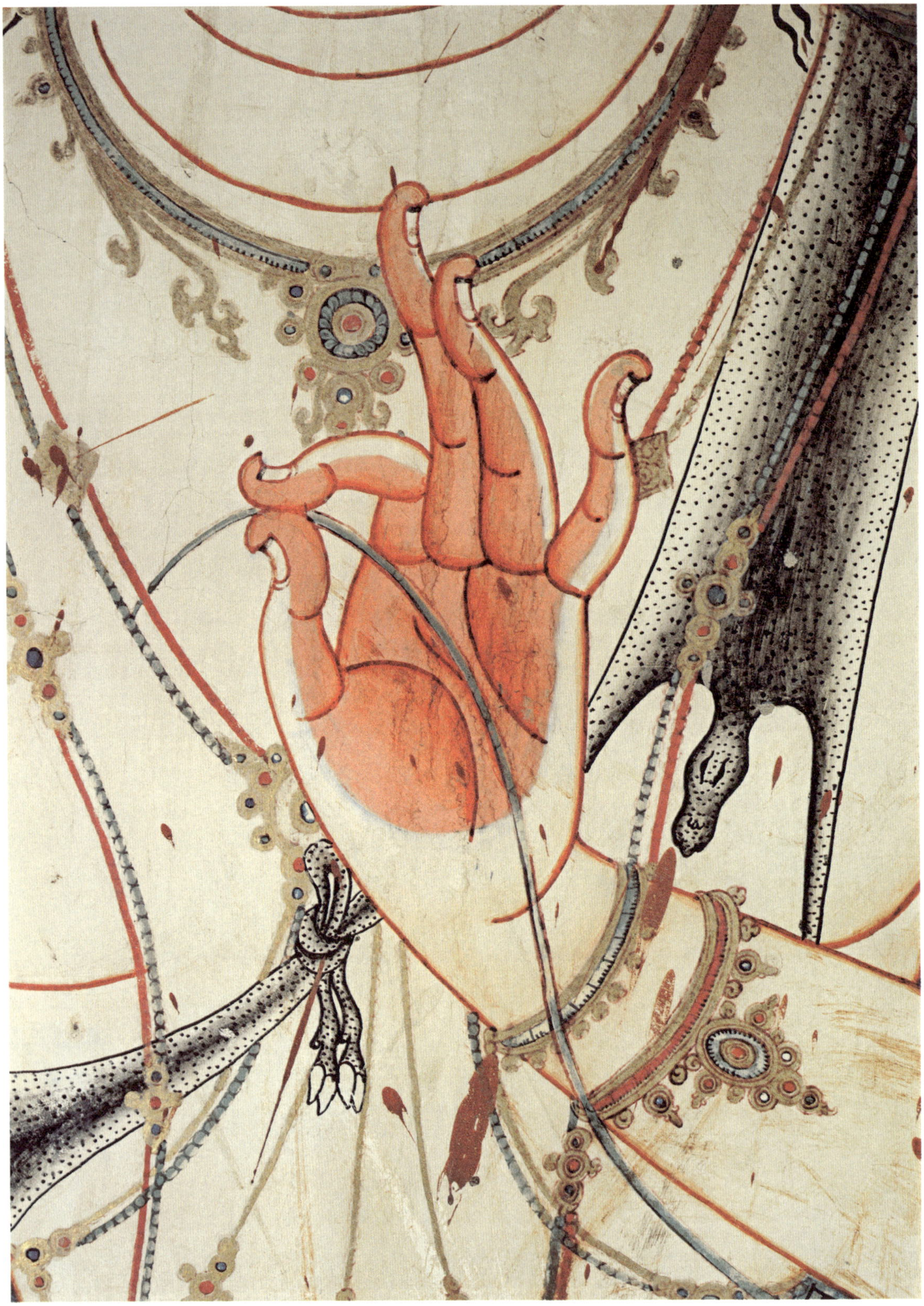

托林寺白殿壁画：菩萨手印。
1998年

成卫东

我与两世班禅　我与两世班禅

我与两世班禅

我与两世班禅

西藏给予了我很多，这种给予让我对人生的看法有了很大的改变。在我的内心世界，我已经非常明确地感觉到了，就是雪域高原对我的影响，对我的世界观和人生的影响，应该说刻骨铭心吧。

——成卫东

我与两世班禅

口述人：成卫东　采访人：郑丽君　时间：2009年6月16日　地点：北京《民族画报》社

成卫东，1951年10月出生于北京，当过兵，北京大学哲学系毕业。1986年调《民族画报》。参加过《环行祖国边疆》、《澜沧江纪行》等大型采访；走过中俄、中越、中蒙、中缅和中尼边境；自1987年起进藏21次，现为《民族画报》主任记者。

经金瓶掣签认定的第十一世
班禅。大昭寺 1995年

那个地方从小在心里很神秘

记者：您第一次去西藏就是“环行祖国边疆”的时候吧？

成卫东：对，那是1986年。我当年从水电部中国水利电力报刊社调到《民族画报》，最大的吸引力就是这个。《民族画报》要搞一个“环行祖国边疆”活动，题材内容、地域都非常广泛，所以我们画报的编辑、记者十几个人像接力一样，我所选择的是最北边的北极村漠河、边境大河黑龙江，一直到中苏界湖兴凯湖。然后往西包括呼伦贝尔、满洲里一带。再后来一大段就是进入西藏，那是我第一次进藏。进西藏的主要地段包括中印（及与不丹、锡金）交界的亚东县，那里是西藏最早的边境口岸。还有就是中国和尼泊尔交界的樟木口岸，当然最重要的就是珠穆朗玛峰。

记者：第一次进西藏就拍摄转神山吗，还是后来的另外一个专题？

成卫东：我第一次进西藏就像做梦一样，很好奇，很神秘。西藏为什么对我有这么大的诱惑力，这个咱们实事求是地讲，就是一种好奇，一种神秘。这里面还有个故事。那是一年冬天，有一次我们家来了个客人，皮肤特别黑，穿着皮大衣，带着皮帽子。我父亲原来在中央办公厅工作，家教很严，大人讲话，孩子不能在跟前儿，所以呆在外屋的我只能偶尔听到几句，觉得那个叔叔是从一个特别特别远的地方，一个叫什么藏的地方来的。

第二次呢，他又来我们家时还送给我父亲一个烟嘴。那个烟嘴现在回想起来，就是一个羚羊角截了一段，把纸烟往上一插，就是这样。在小时候就留下了这么一个特深的印象，那个地方从小在我心里就很神秘。

去西藏就像做梦一样

成卫东：“小时候”我经常有机会到中直礼堂看电影。那时电影开演之前一般都有一段加片，现在叫纪录片，演的都是国家大事，一般都要奏国歌、国际歌、《东方红》等。这时主席

中尼边境——樟木口岸。
1986年

雅鲁藏布大峡谷大拐弯。1999年

台上和台下全体都得起立，毛主席都得起立。那会儿还很小，我就发现，那么严肃的地方，就有那么几个人，一会儿站起来，一会儿蹲下，一会儿台上，一会儿台下……当时幼小的心灵就想，哪有毛主席管不了的，可对这几个人毛主席居然就不管了。

记者：那是摄影记者？

成卫东：对，这几件小事在我幼小的心灵里留下了深刻印象。毛主席管不了的人，原来是摄影记者，谁曾想到，20多年之后，在我幼小心灵里，最神秘的地方西藏，成了我的第二故乡；那个连毛主席都管不了的人，如今成了我的职业：摄影记者。

真的，每次去西藏就像做梦一样，梦醒了，还总想再回到梦中去，因为梦里的一切都是真的，因此我就一次两次……开始的确有好奇、猎奇的因素，令人兴奋冲动，虽然条件很艰苦。我们当年去的时候，连拉萨都没有一条柏油马路，洗澡的地方都没有，只有个别单位有太阳能，人家上班以后，我们跟传达室的人说半天，然后给人家三毛钱，五毛钱，咕唧咕唧（藏语），（就是求求你的意思）。这样我们这些游客就可以求一张澡票拿着到里面去冲个澡。

应该说，从那以后，神秘的西藏在我心目中的分量越来越重，并由好奇逐渐地走向了理性，我开始想了解这片高原，了解这里的历史、文化，了解生活在高原上的人们。所以从那开始，我用了整整18年的时间，基本上把西藏的7个地区70多个县走完。

当然在这个期间，我还去了其他一些地方，都是陆陆续续的，最长的一次是10年前，也就是1999年。春节一过我就进了西藏，那次去，应该说是时间最长，收获最大，经历也最坎坷的。大的方面，一是在4月份、6月份两次闯进藏北无人区，去寻找藏羚羊、野牦牛和藏野驴。还有就是寻找藏羚羊迁徙之后产崽到底是一种什么状况。

那一年我还全程穿越了雅鲁藏布大峡谷。我们是从318国道的排龙门巴族乡过吊桥开始走。其实有些东西吧，只有你走了才能知道怎么回事。知其然和知其所以然就是两回事。雅鲁藏布大峡谷，当时最著名的就是那个大拐弯，哎呦，多神气，我什么时候能去？其实就走了不到两天时间，就到了大拐弯，然后我们从那儿去拍摄了大瀑布。5个民工用三条绳子绑住我，然后慢慢地往下放。那时人说话的声音已经听不到了，被大瀑布轰鸣般响声淹没，只能靠打手势。

我一扬手他们就停，我手一放下，他们就往下放。我两只脚蹬着岩石，那个岩石像长了青苔一样滑得很，弄不好，就撞在岩石上了。当时就有一个心理，就是我撞坏了没关系，别把相机撞坏了，因为相机撞坏了就全完了。就这样，然后往下放，去拍雅鲁藏布大峡谷里面的那个大瀑布群。

拍摄藏羚牛，国家一级保护动物的时候，几天的时间我们就潜伏在那儿，焦急、无奈和不安的心情和那种经历刻骨铭心。过雅鲁藏布江的大溜索，很危险。我跟墨脱县副县长讲，我个儿大，身体重，你给我绑结实点儿。人家用三条绳子绑着我，呼吸都困难，还得把相机、相机包什么的都绑在身上，我的睡袋帐篷还吊在身下。

把事业和兴趣结合起来是最幸福的事儿

记者：这些都是在1999年？

成卫东：是，后来走进墨脱，就是现在全国唯一没通公路的县。还曝露了“自己最大的家丑”，其实我这个人苦不怕，累我也不怕，但是人无完人，就是害怕软体动物，如蛇和蚂蟥。我从小生活在北京，小时候进了一次北京动物园爬虫馆，从那打死我都不再进了。为什么？那类动物看了以后，我心里面发怵。可是在去墨脱的途中，有一个汗密蚂蟥沟，蚂蟥特别多。到现在我的镜头都没有留下一张蚂蟥的特写，因为那样我的镜头必须得贴近，我无法忍受对心灵的这种折

生活在雅鲁藏布大峡谷的孩子们。1999年

全国目前唯一不通公路的西藏墨脱县。 1999年

磨，我宁可人生留有遗憾，这就是其中的遗憾。

第二个就是蛇。那里蛇也很多，我也拍了一些。因为这是亚热带嘛，有这些是必然的。应该说走进墨脱也是我人生很重要的经历。

墨脱是我们国家目前2600多个县当中，唯一不通公路的县，因此人力背夫成了墨脱的一个非常奇特的人文图景，也形成了这么一个特殊的人群。几十年间，中央政府也投巨资几次修路，可是修了塌，塌了修，因此，至今它仍被称作“孤岛”。

后来还去了珠峰，还有西藏这一“世界屋脊”中的“屋脊”——阿里。那里所谓艰苦就是平均海拔高，大概在4500到5000米左右，阿里的岗仁波齐神山每年引来许多崇拜者转山。我们不光转了，还要拍摄采访，应该说这也是人生一次挺难得的经历。千百年来，那么多信教群众千里迢迢去转山，去转湖，因为他们觉得第一是一种虔诚的信仰，第二是要荡涤心灵的污浊，包括消灾、驱邪、祛病，都包含在里面，以求得神的护佑。

我搞了个系列报道，我们画报连载了一年，叫《西行阿里》，分别是：西行阿里之一，追寻孔繁森留下的足迹；之二，今日狮泉河；之三，古格王国和它的守门人；之四，转神山；之五，普兰国际市场；之六，班公湖看鸟；还有新藏公路行……反正是搞了一年。

记者：那您进藏的这么多次经历，其实都是为了工作，是工作的任务让您去了那里，您是否也有很多自己的想法？

成卫东：主要是工作，首先我有选题，我还在《民族画报》供职，不是一个自由人，我提

左图:神山岗仁布钦。1997年

右图:蜿蜒的新藏公路。1997年

出了这些选题，社里同意了。

去西藏的机会越来越多，而且是有机会就去，能去就去。但拍摄就有所侧重了。比如说当人们关心西藏生态环保的时候，珠穆朗玛我一定要去，因为珠穆朗玛给人的印象不仅仅是一个大雪山，还是一个很大的自然保护区。那么我就要把周围的地段都走一走，一走才知道，其实珠峰周围是绿色覆盖的孤谷，这里，也出现了严重的沙化，等等。这些是我感受最深刻的。再后来比如说专门到藏北无人区，因为藏羚羊那时候全世界都在关注，还有野牦牛、藏野驴都是青藏高原上百种野生动物当中最有代表性的，都是人们最关注的。

开始，只要有机会去我就去，当时的心态是只要进了西藏、有器材，心情就特别好，看什么都新鲜。每一次去西藏都拍不完，写不尽，每一次都有新的感觉。

青藏铁路的建设是一件大事，虽然中央政府也采取了很多措施，投资很大，十几个亿是为了生态环保和野生动物，但是我也想实际看一看，到底怎么样。因此通车的过程我去了，通车一周年我又走了一趟。那次，我是从北京开车走的，北京、太原、西安、兰州、西宁，然后经青海湖，翻日月山、柴达木盆地，一直杀到格尔木，从格尔木翻昆仑山，到可可西里，然后长江源头，然后再来到青海和西藏交界的唐古拉山。跨过唐古拉山进入西藏，叫藏北，又叫羌塘，这儿有措那湖，是怒江的源头，措那湖水往下流叫黑河，黑河再往下流就叫怒江了。它是三江并流其中的一条大江，再就是金沙江和澜沧江。然后从措那湖一直向南到那曲、当雄（包括从当雄向里走，翻越海拔5091米的那根拉到纳木措），羊八井，就是这样我开着车一站一站走，直至拉萨。

在这儿我还是要说一下，青藏铁路的开通使内地和高原联系得更紧密了。这也是新中国成立60年以来，应该说是西部开发最大的工程。政治意义就不用谈了，从经济角度来讲会给西藏和内地的沟通和经济发展，带来很大的前景。虽然我们对生态环保做了很大努力，但不管怎么讲，人类的发展特别是经济发展与社会开发和自然界永远是一对矛盾，这个矛盾只有相对和绝对之分，应该说，矛盾是绝对的，只是我们应该尽量减少对环境的影响和破坏，这是相对的。

就好比说，青藏铁路路轨7到10米的间隔（路基），你想一想，从格尔木开始，由北向南，实际上1100多公里，是一个纵向大切割啊！7到10米的距离，青藏高原的植被就是那么薄，这等于把植物链做一个大切割呀。那么，这种切割是一种什么意义呢，就好比说十几年前、几十年前修筑青藏公路和青藏铁路第一期工程，由西宁到格尔木，几十年过去了，被占领

藏北无人区截获盗猎者。
1999年

的这片地，一棵草都没有了，这就是青藏高原薄弱的生态环境。

摄影家还应有一份责任感

记者：您说的这一点我特别感动，您有这么强烈的意识去理解表达人和自然的关系，如果我们摄影工作者都能够提高到这个高度来认识问题，别人就不会单纯看我们是照相的了。

成卫东：我这些年为什么跑了十几所高校和十几个省？应该说所到之处还是非常受欢迎的，因为我不完全是讲照片，讲摄影，我要讲照片背后的故事，我要把照片所涉及的人文地理，要把更多的信息量传达给大家。北京理工大学，它有一个名家讲坛，这是一门选修课，也是记学分的，他们请了音乐家及各类艺术家等等。摄影的，每学期的第一课一定是我去讲。因为我讲完了，同学们可以选择自己是否选修这门课程，因为它要记学分。真是啊，就像刘铁生刚才讲的，我们摄影家除了拍照片、搞报道，还有一种就是责任感。

这些年我的讲座一定都会涉及这些方面，社会问题、生态问题、环保问题，以及其他比如说如何保护非物质文化遗产等。

为了青藏高原的藏羚羊，中央电视台的一个编导拍了一个纪录片，就叫《藏羚羊》。新疆的一个业余摄影爱好者冯刚拍了一组《蒙古野驴》，湖北的一位摄影人拍了一组《麋鹿》。后来《中国摄影报》在北京开了一次座谈会，他们也请我去了，我在会上就讲了一通。我说我们现在绝大部分观众看到的藏羚羊都是在电视上，藏羚羊都在成群地飞速奔跑。我说，这都是在藏羚羊迁徙去产崽的时候碰到的，好不容易找到了藏羚羊，一定是开着车在猛追，在不停地拍摄，所以藏羚羊在以每小时80多公里的速度飞速奔跑。我想告诉大家，可以保守地说国内摄影人当中，我是见到藏羚羊数目最多的，但在我的画面中并没有藏羚羊的特写。因为我看到了5万到6万只藏羚羊羊群，但也不会去惊动它们，为什么？一旦惊动了，它们就会奔跑起来，你再开着车猛追，为了那些所谓的镜头，以引起观众对于藏羚羊的关注，而藏羚羊以每小时80多公里的速度长时间地奔跑，会有多少小藏羚羊胎死母腹中！因为在迁徙当中全是雌性藏羚羊，而且全是怀着崽到产崽地去的。某种意义上，这比盗猎分子还要恶劣。所以就有了后来《中国青年报》发表的"不要让相机变猎枪"。

西藏给予了我很多……

成卫东：从人文角度来讲，这块大地上主体人群是藏族，现在已经达到150万人，除此之外，还有门巴族和珞巴族，他们主要生活在被称为西藏江南的林芝地区。还有一种人不属于我们目前的任何一个民族，叫僜人。

在这么一大片地域上，生活着这么一群人，一方水土养一方人。这片地域特殊的环境，再加上他们的民族信仰，几乎全民信仰藏传佛教，这些都给西藏蒙上了一层神秘的面纱。

这些年，我跑了西藏很多次，也走了很多地区，但是和这里厚重的人文地理相比，应该说还是九牛一毛，还属于走马观花。它的历史太厚重了，不讲别的，就讲寺庙。作为宗教外延的表现，每一座寺庙一定是当地最精华的博物馆，所有的精华几乎都集中在寺庙，因为老百姓会把最好的东西布施给寺庙。久而久之，我就觉得这种厚重的历史文化是和那种独特的离天最近的地方的自然景观一样，同样吸引人。以至于我都不能容忍人们对西藏的那些不好的质疑与评价。

我已经感觉到，真的从骨子里面感觉到，我和藏族已经联系在一起了。西藏给予了我很多，这种给予让我对人的看法有了很大的改变。这是一个大话题，在我的内心世界，我已经非常明确地感觉到雪域高原对我的影响，对我的世界观和人生的影响，应该说刻骨铭心吧，某种意义上已经融入到血液里面了。

我曾经跟我认识的一些藏族同胞谈到这个事情，我说我们还是从内心希望拉萨乃至其他藏乡多保留一些藏民族的传统、一些原生态的东西，直观的，人们理解的。没想到他马上说了，你们在北京都过上了现代化大都市的生活，你们一切都是现代的，为什么就不允许我们发展，还总想让我们保留在那种古老的，十六、十七世纪呢？这句话问得我当时一愣。实际上这里面派生出一个问题来——中华民族是多元一体的，这个多元一体，它是由众多民族厚重的历史和多彩的文化习俗等各方面组成的。随着社会的发展，有些东西是不以我们自己的主观愿望而决定的。

就西藏来讲，这片高原随着社会的发展，有些东西真的不以我们的意志为转移，因为它是一个非常复杂的工程。就像青藏铁路的修通，修了那么多涵洞、桥梁，就是给野生动物一个通道，但是野生动物不会按我们的人为意志去行走，它仍然不会过来，别说大桥，看见影子它都是战战兢兢的。

墨脱舂米的门巴族孩子（右侧为女孩）。1997年

两世班禅

记者：您选择了西藏，应该说是您的幸运。

成卫东：是呀，特别是我与两世班禅的缘份。藏传佛教有一个重要的人物，宗喀巴，他创立了格鲁派，就是我们常说的黄教。现在在国外的第十四世达赖喇嘛和我们在国内的第十一世班禅，都是宗喀巴大师弟子的传人，一个是班禅系列，一个是达赖系列。

拿佛教来说，我是这么看：第十世班禅大师，五十大寿他就邀请我去。1989年春节刚一过，他提出要求去西藏。严格讲，冬天是一年之中含氧量最少的季节，所以，当时中央有些领导就问，大师能不能换个时间再去？但班禅大师说，那个时间是打卦出来的，不能改变。因

经历了半个世纪风雨历程的第十世班禅大师。

此，还是去了，我也随行。

到了西藏以后，他先在拉萨朝拜了释迦牟尼佛祖像，然后就去了后藏的扎什伦布寺完成他此行的主要目的和任务，就是把“文革”中当地百姓收集起来的五到九世班禅遗骨合葬，并建一座灵塔，也就是后来的扎什南捷。十世班禅大师去就是为这个灵塔加持开光。那次一切进行得都很顺利。他在新宫住楼上，我和他的警卫员、秘书就住在楼下。大师那次日程安排得很紧张，他的另一个身份是全国人大常委会副委员长，西藏的有些领导也只能说给大师提提建议，建议他是否活动少一点，要注意身体。

开光仪式非常圆满，随后，大师还搞了个宗教座谈会，就是高僧大德和各寺庙民管会的一些主任，他谈到了活佛转世，就说应该有一个制度，按照历史定制，一定要在佛祖面前。如果所有的寻访小组成员都没有异议，都认为某某是转世灵童，那就报告中央政府，认为他就是已定的转世灵童了。但是一旦这些寻访小组成员当中有不同意见，那就必须金瓶掣签。谁曾想，几天之后，也就是1989年1月28日晚20时16分，在日喀则他的新宫德庆格桑颇章的“夏珠培杰林”净室内圆寂，享年51岁。

几年后，中央政府决定给大师修建一个金质灵塔，拨款6000多万元，真是金碧辉煌的一个灵塔。灵塔的建成，也体现出中央政府对爱国爱教的第十世班禅大师的怀念，中央政府派出罗干做代表，去参加灵塔的落成。

记者：这快到1995年了？

成卫东：还没有，这是1993年。大师圆寂之后的法体是严格按藏传佛教仪规做过处理的，就是按照藏传佛教的传统，我们其他人都不允许看，也不允许进的。将大师法体真身做防腐，脱水处理，用了很多名贵的藏药。把法体按照打坐的姿势，脸上涂金，手腕上还戴着他的劳力士手表，手里拿着法铃、法器、佛珠，完全是法体真身。当时大师的法体供奉在扎什伦布寺，供老百姓瞻仰祭拜。

在1989年元月，即第十世班禅大师圆寂后没几天，中央政府就作出决定，寻访灵童，并成立了由高僧大德组成的寻访小组，严格按照藏传佛教的传统仪规，遵照一套程序寻找十世班禅大师的转世灵童。

最后到1995年，才在那么多候选灵童中选出三个转世龄童的候选人。然后在拉萨大昭寺金瓶掣签，就是我们说的抽签。具体就是把三个人的名字用汉文和藏文各贴在象牙签的一面，用黄绸袋子裹好搁在金瓶里面转动，随后供奉在释迦牟尼像前，诵经祈祷。当时党政官员在一边，高僧大德在另一边，诵经祈祷一段时间后，再由最德高望重的波米大活佛当众掣签。开始他还要转动金瓶内的象牙签，转完之后抽出一个搁在盘子里面，再当众送给时任国务院宗教事务局局长叶小文和当时西藏自治区人民政府主席江村罗布。他们再当众撤下签袋，由西藏自治区主席宣布（先念汉文后念藏文），来自嘉黎县的六岁男童坚赞诺布中签。实际上这时三个候选灵童都在隔壁房间，全剃了头，只是中间还留了一撮头发。一说坚赞诺布中签，马上就被抱出来由大活佛把这一屡头发剪掉，就是剃度。这时立刻就不一样了，马上黄袍加身，其他人再不得靠近了，包括他的父母，就开始磕头了。

认定了转世灵童，但此时还不算是真正步入佛门。几个月后，他需要受沙弥戒等等。开始我们还可以在现场，后来就将我们全部请出去，受戒是在严格按藏传佛教仪规和定制下秘密进行的。因此具体怎么受戒，我们这些凡人就不得而知了。受戒完成，披上绛红色袈裟，这才算正式迈入佛门。这就是第十一世班禅认定、坐床、受戒，有这么几个重要的过程。

我很荣幸在这些年，经历了从十世班禅50大寿，到他最后西藏之行，到圆寂，到第十一世班禅的掣签、坐床、受戒全过程。

情意珍惜

十世班禅大师为五至九世班禅灵塔开光亲自主持火供仪轨活动。日喀则 1989年

记者：应该不仅仅是荣幸，而是对中国西藏历史非常重要的记录。

成卫东：我亲历了整个过程，我觉得，作为一个媒体人，能有这种经历，应该说这也是让我刻骨铭心的。

经历了所有这些，我对藏传佛教有了更进一步的了解。总归这是读不透读不完的厚厚的文化和知识。我只能说，本身表面经历了一些事情，但从中我也看出，任何宗教只要它存在一定有它的必然性，这是第一。第二来讲，藏传佛教这些经书里面，它的知识厚度是不言而喻的。

现在的十一世班禅一天一天地在成长，当然条件、环境不一样了，他现在英语、计算机用得倍儿溜，汉语也没问题，藏语更不用说。在当今世界，用他的话说，应该做一个现代化的活佛，只有这样才能适合于社会的潮流和国际交往。藏传佛教现在在世界各地传播也很快，像意大利、瑞士等很多国家都有。宗教，特别是藏传佛教，我更看重它的厚重历史。这个历史是一本读不完的书。我们都知道青海湖、日月山，日月山在地理上是青藏高原和黄土高原的分水岭，在人文历史上，它还是昔日的唐蕃古道。1300多年前，大唐文成公主嫁到土蕃和松赞干布联姻，就是从这里进入藏区的。所以说藏传佛教的历史，太深了。作为摄影记者，特别是画报摄影记者，我们采访一般都是做专题，不光要照片，还得要有文章，要阐述一些历史文化背景，直接或间接地再去烘托主题。久而久之，我也养成了这样的习惯，开始注意一些细节上的东西。像日月山，大家都知道了，这时如果你仔细观察，会发现山上两个小亭子里除了唐蕃分界碑和日月山历史碑，碑旁边还有壁画，虽然很粗糙，但很有内容。

扎什伦布寺隆重举行第十一世班禅13岁生日寿典。2002年

由班禅转世引申，无论是宗教也好，习俗也好，还是不同的文化环境，我们摄影人不管到哪儿，入乡随俗绝不是一句空话，入乡随俗是对当地民族的尊重。新华社的陈小波采访过我，我就讲到，我们要尊重藏民族所尊重的一切，不管你理解还是不理解，我们要尊重他们。因为只有尊重他们，我们才能在那儿更客观地进行工作，人总得跟人打交道。其实记录最难最深刻的还是记录人。

记者：说到西藏，您还真是有说不完的话题。我再问个具体一点的问题吧。刚才我们说到十世班禅，您认识十世班禅是什么时候？

成卫东：我想想，第一次应该是1986年我刚从水电部调到《民族画报》来的时候。当时国家民委经常做一些采访，当然十世班禅大师一定是采访对象之一。他身份特殊，是十世班禅大师，又是人大常委会副委员长，所以民族系统很多活动他都会参加，甚至包括中央民族大学的运动会，他都会去参加。

第二个来讲，我那些年正热衷于对西藏题材的关注，很多西藏题材的展览、活动我肯定都在场。一来二去我就认识十世班禅大师了。有一次大师甚至说，卫东，我们介绍你加入藏族吧！

记者：这可以吗？

成卫东：我当时也真是很认真的，虽然是半开玩笑，但那么大的领导在那种场合讲话，我特认真。后来北京市民委的领导就专门找我说，大成，委员长就是说一说，民族不能随便更改，有民族政策的。大师问起来，你就婉转回了吧。后来这事就算了，不过我现在还有一个藏族名字，叫尼玛吉美，就是“太阳”“永恒”的意思。

第十一世班禅将自己签名的法像送成卫东。青海 2004年

应该说这几十年的行走，雪域高原这片地域，藏族这个民族，给予了我很多。所以我也跟

他们讲，这是一个放飞梦想的地方，是一个净化灵魂的地方。这不是一句空话。

记者：跟十世班禅接触了几年，这中间肯定还发生了其他好多事。据我了解，1989年进藏那一次，您就遗憾地错过了一次给班禅大师单独拍摄照片的机会。

成卫东：是的，这里面有一个插曲。那天夕阳西下，阳光照在身着黄色藏袍大师身上的感觉特别好。我就说，大师，我待会儿得给您单独拍一张。“好好好……”那次我是想拍来着，可当天找大师摸顶的人特别多，都是千里迢迢来的。想像一下，大师一天要摸好几万人，手都抬不起来了。最后，只好用特制的椅子垫上海绵把大师的手架在上面，等百姓上来蹭。人太多了，大师说，“好啊，那等一等。”等啊等，最后摸完顶了，光线也不好了，结果我只好另外再找个时间。

谁曾想几天后大师就圆寂了，这也是个遗憾吧。

我有一张跟大师握手的照片，也是那次去西藏拍摄的。是什么呢？这里有个故事，我还曾为此写了一段回忆文章。当时大师西藏之行，所有活动都很圆满，仪式都结束了，各省藏区来的领导和寺院代表也都拜会礼毕。我在一边给他们拍完照，我就说，你们都送完礼了，我也得给大师送礼，我说我也得表示表示。大师就站那儿笑。我说，大师，我除了相机什么都没有，我就从您这儿借条哈达献给您吧。他就笑着点头。然后，我就把相机给旁边的人，让他也给我跟大师照一张，“没关系，咱们再表演一次。”于是我紧握着大师的双手，哈哈一笑，留下了这张难忘的纪念。谁曾想，三天之后，大师圆寂了。

记者：那次进藏您印象最深的应该就是这两次拍照了吧，一次拍成，一次没拍成？

成卫东：当然。我最难忘的是记录了十世班禅大师最后西藏之行的所有活动，另外包括6年后十一世班禅的掣签、坐床。所以说，很有缘，再后来，当然十一世班禅每年的生日我基本也都参加了。从掣签、受戒一直到后来，包括他去甘肃、去青海，青藏铁路西宁至格尔木段，我都曾跟随采访。与两世班禅建立了深厚情谊，在我来讲真是很不容易，我也很珍惜。

十世班禅大师与成卫东握手合影。日喀则 1989年

珠穆朗玛峰。1986年

▼西藏地区最早的边境口岸
——亚东。1999年

雅鲁藏布大峡谷的吊桥。
1999年

用绳索绑住身体放下去拍摄
瀑布群。1999年

藏北无人区藏羚羊迁徙。1999年

青藏铁路火车通过海拔最高的
唐古拉火车站。

西藏阿里千年古格王国遗址。
1997年

1993年8月20日，扎什伦布寺迎请十世班禅大师法体入塔。

江洋嘉措经师为第十一世班禅密宗灌顶。日喀则 2002年

第十一世班禅乘上青藏火车。

走进墨脱。1999年

薛华克

心灵的家园 心灵的家园

心灵的家园

心灵的家园

西藏对我来说是一个情感投入最多的地方，我生命中最好的一段时间，放在了西藏；我去西藏很多时候没有陌生感，真的跟回家一样，当心里很烦很烦的时候，就去西藏，因为一踏上旅途，我的心就开始安静了。

——薛华克

心灵的家园

口述人：薛华克　采访人：刘彬　　时间：2009年6月28日　地点：北京玫瑰园

薛华克，1953年生于浙江，1980年上海工业大学毕业，1994年杭州大学中文系任教，现为中国美术学院视觉艺术学院艺术设计系摄影专业教师、中国摄影家协会会员，英国皇家摄影学会会士。自1985年起从事职业摄影，1987年起，开始西藏题材的摄影创作，除风光作品外，以牧区人像为主要创作题材。出版有《出色的旅游摄影》、《旅游摄影》、《照片拍摄技巧》、《光与影的奥秘》、《藏人》、《摄影技术》、《杭州老街漫步》、《瞬间的艺术》、《户外现场拍摄技巧》、《摄影教程》等著作。

天堂之路。1994年

第一次去西藏就跟傻瓜一样

记者：听说您的父亲也很喜欢摄影？

薛华克：我做摄影就是受他影响，小时候开始记事的时候就跟父亲进暗房，捣鼓照相机。

记者：您什么时候有的相机？

薛华克：16岁当兵的时候就有一台上海产的相机。

记者：您是1969年12月参军，1975年工作了是吗？

薛华克：我1953年出生，16岁我去当兵，当了6年兵。1975年从部队回来，就工作了一段时间，1977年才上大学，1980年大学毕业。大学毕业以后都快30岁了，再工作，然后到了1993年就离开了进出口商品检验检疫局。我们这辈人跟你们这辈人不一样，由于“文化大革命”，该读书的时候都没有读书，都是下乡啊、当兵啊。

记者：您第一次去西藏自治区是什么时候？那个时候您的身份不是美院的老师吗？

薛华克：1987年。那时候我在国家质检总局、又叫进出口商品检验检疫总局浙江进出口商品检验检疫局任专职摄影、摄像。

记者：您第一次去西藏是什么机缘？有什么样的感觉？

薛华克：因为在单位做摄影嘛，做摄影总是要出去走走看看。一开始也不了解，因为那时候没有去过太远的地方，1987年第一次去了一趟。第二次是1990年，1990年以后去西藏就很频繁了。

第一次去西藏就跟傻瓜一样。什么都不知道。高原上的东西也很难吃，高原反应，一切都很新奇。其实第一次就是什么都不知道。第一次拍的照片，一个小女孩在挤羊奶，那种眼神已经具有我后来所拍摄照片的那种眼神，可以说是一个雏形，这种感觉是一直延续下来的。

但是那个时候对西藏的事情不很了解。实际上西藏的事情也是一次一次地加深印象，并不是一下子就认识到的。不像以前去拍一个具体的风景点，一眼就看得明白，其实拍人文那些东西一开始思想上是不明确的。

记者：那您1993年离开后，到1995年这一段时间有没有再去？

薛华克：没有。1994年、1995年我在浙江大学，那时候叫杭州大学，在中文系教了两年的影视专业，然后又做了7年的自由撰稿人。那时候就不想在大学教书，因为那个时候中国的摄影教育都是很初级的，感觉就像是在教小孩拍照一样。

行走牧区

记者：到了藏区以后您为什么选择拍人呢？

薛华克：我也看过很多西藏的风光照片，我也拍了很多。可能每个人要求不一样，很多人看过我的那些风光作品以后就问，你这个西藏风光的作品为什么不出版呢。我经常在想一个问题，我不是风光拍不好，是耗不起那个时间，所以我就没有把精力放在风光上，但是碰到漂亮的风光我也会拍下来，我觉得这种东一榔头西一棒槌也不是我想要的创作方法。

人像呢？为什么要到西藏拍人像，绝对不是猎奇，就讲人的形象问题，其实人的形象也没有什么所谓的好、坏，完全是你自己想好就好，你说好就好，你说坏就坏，就这样。但我的作品所反映的是人的感觉，是人性的感觉，有人的地方就有人性，寻找纯粹的人性，最淳朴的人

吉祥老人。1999年

性，换句话说，用“原始”也可以。现在都市里的人已经把自己的内心，真正的内心包裹起来了。

记者：您主要是在西藏的牧区拍摄？

薛华克：是牧区。牧区多是高寒、缺氧的地方，特别艰苦。牧区的人，他们与自然对抗的能力是我们这些平原人无法想像的，所以我为了了解这种生存状态下的人的状况，有意识地选最最寒冷的冬天去。

我睡在老乡家牧场的一个帐篷里，底下垫了三层他们叫“毯垫”的东西，就是毛毯，垫了三层毛毯。夜里背扣过来都是冷气，很难入睡，有时根本睡不着。看看当时几点钟啊，天还没有亮，刚几点睡不着呀，翻来覆去。缺氧，又冷，难受，晚上抓着电筒看看几点钟了，抓住电筒就粘在手上。就像冰箱里冷冻过的东西，拿出来的不就经常粘手吗。早晨起来，老乡的女儿去挤牛奶，我看她挤完一头牛的奶她就跑回帐篷里，手也冻得不行啊。

所以我就对他们有兴趣，我记得一位老人，手的关节都是扭曲的。在高寒地区常年这样冷，老冻着。很多老人走路都是摇摇晃晃，腿都不好，除了关节炎还有胃病啊，都是高原上的常见病。

记者：现在看也和平常的西藏影像不一样。

薛华克：他们说我拍的没文化，我淡淡一笑，现在的人喜欢把什么都说成是文化，但在牧区，生存都是问题，你要不要谈一个生存的文化？人性的问题，就是他们看我所拍摄的作品中的目光都是直直地看着镜头，在那些地方就是这样。我也是属于很简单的，只适应跟简单的人打交道，所以藏北人比较符合我这种性格，他们也很简单。

在牧区旅行的时候，身上没有钱，不会饿死，不会没地方住，老乡一定会给你吃、给你住，他们不会跟你要一分钱。当然我们会以自己的方式给他们一些回报。但是我比较喜欢纯粹的心情，我们车从杭州出发的时候，拉了一车的东西，药品、衣服。我们这样做也是很纯粹的，跟拍不拍照片没有关系。

记者：您拍藏民的时候，是怎么跟他们沟通的？

薛华克：很好沟通，很简单，他们就是很简单的人。

记者：比如说那个抱个孩子喂奶的漂亮女人。

薛华克：我拍她的时候，她刚刚从牧场放羊回来。我让她坐下来拍照。我拍的东西你看上去就很讲究啊，很多年前就是这样，那个时候我就用反转片拍，拍的时候我一看暗部光线不行，光比太大，藏族的房就是小小窗子，房间黑的，土房子，打着反光板。刚拍了没几张，床上的孩子醒了，我在拍照，她不理那个孩子，她觉得我的摄影更重要。那个孩子在哭，我怎么能拍得下去呢？我让她看看孩子，孩子醒了就是饿了要喂奶了，她就把孩子抱起来喂奶。我当时脑子根本没有反应过来这件事情，后来她就看看我，刚给孩子吃了两口奶，她觉得我在等，又把这个孩子放回到床上去了，孩子没有吃饱，又哭。后来我就跟她讲，你把孩子抱起来，坐在这里喂奶，所以这个时候是真实的，不是摆出来喂奶的照片。没有什么表情，也没有什么表演的感觉，那就是他们的状态。以前还有一个老太太，这个老人已经去世了，我走出她帐篷，她就用藏语问我，你干什么？简单的藏语我还是听得懂得，我就跟她说，拍照。藏语里这个拍照单词我也可以讲的。

记者：她什么反应？

薛华克：她没见过，不懂得，电视也没有。她很奇怪，就一直看着我，直到拍完了以后，然后她去冲开水，冲完水以后她又坐在那里看着我，她不是摆好一个姿势让我拍她，那个姿势就很奇怪。像摆的一样，其实她自己就这么一个姿势。还有一次我开着一辆吉普车，迷路了，没有学生跟着我，我带着一个藏族的保姆。她没有高原反应，可以帮我做很多事情。她还可以帮我做翻译，我们两个人，开到一个湖边上，在一个房子旁边停下来进去了。进去以后看到弟兄两个人，眼神、服装都特别好看，就让他们站在墙边拍照，拍完以后，又拍他们的妈妈，就把那两个小孩给忘记了，但那两个小孩过了很久还在那里一动不动，因为没有人跟他们讲“你可以走了”，他们就不走，这里的人就老实到这个程度。

记者：您刚才说那个老太太的手都冻得变形了，那您完全可以用纪实的手法把她的这个手拍出来，然后用文字表述出来。但是您是用一种人像的方式，类似于油画、我们一般只看这个

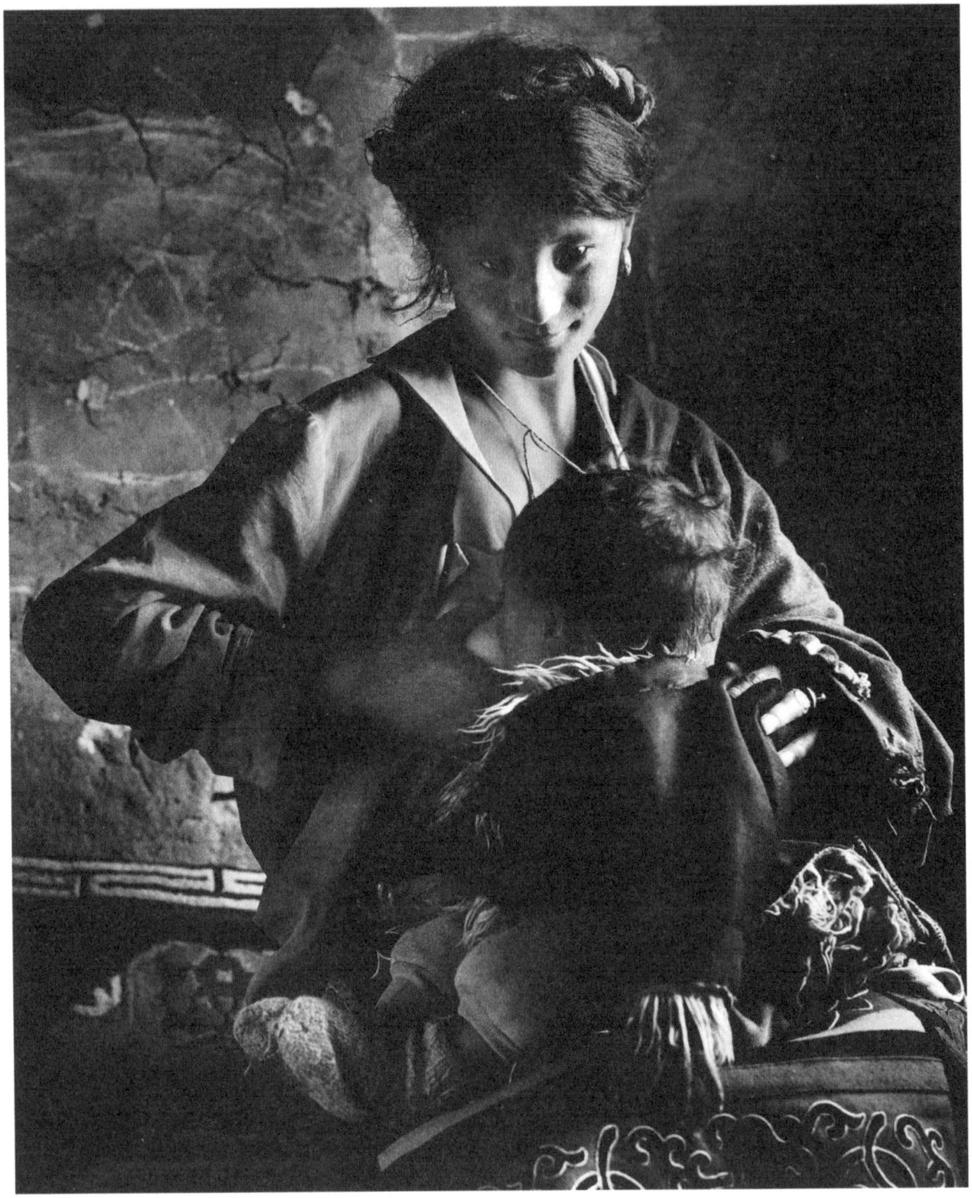

初为人母的美丽。1992年

照片，可能不会注意到她的手，首先是看到她这个人的状态。

薛华克：这种拍法不属于时尚的拍法，我现在拍摄西藏是找自己感兴趣的题材，而不是单纯的摄影报道。比如说我对人有兴趣，不是为了引起公众注意，只是一个个人印象，一个比较纯粹的个人印象。这种处理人像的方法，可能不是时尚的，但是我相信是经典的。西藏自治区的一些变化，人的变化，社会的变化，在摄影作品中都会流露出来。过了很多年以后，你再去拍这样的东西，可能真得找演员来演了。对我来讲，我真的是在寻找人性的感觉，所以西藏对于我简直就是一个宿命。我喜欢西藏，有很多年的时间完全泡在西藏。那恰恰是一个男人生命中最好的一段时间，因为二十几岁的时候，还是一个毛头小伙子，那个时候真的是什么都不懂。三四十岁的男人开始成熟，这时最好做事情，相对来讲，体力也还不错，思维，知识结构，都是最好的时候，我是把这段时间，最好的时光放在了西藏。

所以西藏对我来讲也是一个情感投入最多的地方，《中国摄影》曾发表过一篇文章，标题

藏族老人肖像。2006年

叫做“回到家园”，我去西藏没有陌生感，真的跟回家一样。我以前在杭州做过生意，做得心很烦很烦的时候，跟在我身边最亲近的一个学生讲，他就会说：好了，好了，你可以走了，你可以去西藏了。因为我一踏上旅途，心就开始安静了。

去西藏是一种“传染病”

记者：怎么去的西藏？

薛华克：我们那时候拍照，简直就是看到人就兴奋。近几年政府一直改善老乡的居住环境，也是为了便于行政管理，以前他们都是搭帐篷，逐水草而居。

所有去西藏的人没有一个人去了一次不想再去的，像染上传染病一样。最大的问题还是交通问题，为了这个交通问题，我1992年开摩托车去的西藏。现在想起来，还觉得是近乎荒唐，当时，我开着摩托车唱着歌就到了拉萨了。去藏北，完全不是一回事情，那车没有开回来就垮在那里了。1999年我开着卡车去西藏，一路走一路修。我经常想，很多事情就得有一个想法，就得下决心干。生命就是一个过程，你每天呆在家里，没有一步步的行动，一辈子就这么过去了，你平平淡淡过了一生。有人说，平平淡淡才是真，我就不想过平平淡淡的日子，想去哪里就去，没有条件创造条件。我花22000块钱买了一个旧卡车，把它修好，再花5000块钱改造成一个房车，改房车我就想到高原上的事情。房车是铝合金的外壳，里边是木头板，里外之间加了五厘米的泡沫板做隔热层。

记者：有没有涉及生命危险的事？

薛华克：有。这样的事情太多了，经常会有。有一次是吴常云跟我们一起去的西藏，回来的时候，走山南过来的那条路，旁边是很深的沟，路很窄，因为那次去的是一个创作团，雇的藏族司机开车。我坐在车上有点打瞌睡。坐在我后面一个女的，王欣，是杭州的一个作家，她回来就跟人描绘，她说吓得心怦怦跳，眼睛都闭过去，这么可怕的山路往哪儿开啊？

这么多年，我去过太多次，而且我开的全是烂车，我从来没有开过一个好好的车去西藏。

我的性格就是这样，我做事情就是想好了就干，就这样。我希望去一些没人去过的地方，一看这条路到头了，而且没有路了，再返回来，这断头路，肯定精彩，我要去哪里，看着地图就走了。

我妈妈就说我，你现在颈椎、腰都不好，都是在西藏折腾的。经常一小时开不过十公里路。我现在也不吃方便面了，方便面我在西藏已经吃到呕吐了，一闻到那个味道就恶心。

记者：以前您没有骑摩托车、也没有开卡车的时候，是怎么走？

薛华克：搭车走，有时候等一个车要等三天。等来一个运粮食的车，我就钻到粮食堆上面，有时候坐邮电局的邮车，邮车一般是半个月一趟。坐车厢里，跟邮件混在一起。坐几天不知道，但有时候看那个景色真好，你想停下来拍照，司机不会给你停车的，我就拿个相机在车上拍。

记者：我觉得“藏人”是一个比较大的群体，但是您展览的时候，什么都没有，标题没有，说明也没有，单凭照片能够完全表现出藏人的这种感觉吗？

薛华克：这个世界上有很多语言是世界性的，一个好的视觉语言，它不需要许多文字。我们经常讲，做得不好的语言就是“图不够文来凑”，这不是我要的，不是我追求的东西。我觉得这种人性的东西，人的感觉是最具有世界性的视觉语言。其实，北京那次展览，很多人很诚恳，一些老教授啊，发自内心地跟你坦言，很多人常年在西藏工作过的，他们特别能看得懂这些作品。还有很多年轻的画家，摄影家，他们也都去过高原，特别懂得这些作品。

我也以为很简单，你每次带100个卷，200个卷去，回来看到片子之后，能留下来的

藏北牧民家里的领袖画像。
藏北 2006年

农村扫盲课。藏北 2006年

也就一二十张照片，绝对不会过20张照片。然后想一想，什么东西是你所想要的，什么是不想要的，然后又去了，下回带回来也还是一二十张照片，就是这样。然后过了一段时间，你把原先一些认为还不错的又剔掉了，就这样。

记者：您去西藏，家人赞同吗？

薛华克：我妻子叫郑平，人家说："郑平，你们家华克去一趟西藏，去这么久，你怎么会同意的？"她就说，像他这种人，与其反对，还不如同意，因为反对是没有用的。我妈妈说得更绝，华克，你要是再去西藏，我就躺在你的吉普车前面，你从我身上轧过去。因为在西藏很难，很多时候，这些照片都是我拿命换来的，这话一点不夸张。死亡的问题，很多年以前我已经想了很多遍，很多遍了，有的时候你不得不想这样的问题。有时你会深深地感到，死亡的威胁就在边上，有过很多次。出车祸，或者几乎要出车祸这种情况很多。

记者：现在您觉得满意的作品有多少呢？

薛华克：大概六七十张吧。我现在也在想做一个心态上的调整，像过去那种拍法我还会继续，因为看到我所认识的，我心里能够有感觉的那种人，我还会这样拍。

记者：您的照片跟油画很像，但让我意外的是，如此学院派的风格竟然不是从学院里成长起来的。

薛华克：对啊，我是学化学的。在中国美术馆做展览的时候，有一个画家说，这一看就是我们学油画的，没有好的美术基础，不可能拍出好的作品。我也从不解释什么。

记者：您自己最满意的作品有哪些？

薛华克：我觉得都不错。前面提到那张彩色的，喂奶的那张；还有藏族老太太一个特写的头像也还是蛮好的。她满脸的皱纹，就是这一个，而且这种事情不是自己亲自碰到，你也不会相信。那个老太太的特写是1999年拍的，那年我不是开卡车去的吗？在卡车没有换掉之前，那天江水很大，我们过不了江，大家徒步到雅鲁藏布江对面的村子里休息。

看拍摄模特。雄梅 2006年

我走得最慢，因为前面两个人是雇老乡从江里把他们背过去的，许佳是骑自行车过去的，我是绕了一个大圈子走过去的，就我最慢。所以他们4个人都在那儿等我，老太太就跟他们在一起，老太太就靠在那墙上。他们说，薛老师，你快点，我们都拍完在这儿等你了。但是我一看到这个老太太，心里就"咯噔"一下，我一阵兴奋，马上把三脚架架起来，拿起相机就拍，他们几个人好像梦才醒过来。薛老师这样拍了，他们就开始忙起来跟着拍了。这张照片拍完以后，到了2006年，我又找到这个老太太。原来那个头巾她自己包好的，我又特地买了一个新的头巾给她包好。按理说7年以后不是更苍老了吗？皱纹不就更多了吗？我又用哈苏拍了一个特写，回来一看，不得了。就是没有7年前的那种感觉了。所以说摄影，很多时候状态是很重要的。

记者：您后来还在油画布上面打照片了，是吗？

薛华克：油画布上打照片，这个事情我做得比较早。当时我在北京办展览的时候，我去看望高琴，高琴看了那个展览的一个小册子，她说，还是喜欢我以前的那些黑白照片。

我跟她探讨了一个艺术作品表现形式多样性的问题，其实我现在还在研究这些事情。油画布的事情不需要研究，这是一个太简单的事情，就是可以做在油画布上面。为什么不？因为这个油画布并不是油画的专利，以前的技术没有办法很好地把感光乳剂很平整地涂在油画布上，仅此而已。

记者：您拍西藏的照片也都是后期处理的吗？

薛华克：后期比较少，因为我都是胶片拍的嘛。谈不上什么处理，就是常规的嘛，正常冲洗，放大，手工放大，只是有些遮挡而已。

记者：您有没有重大的失误的拍摄经历？

薛华克：好像有一次是用了一堆依尔福的胶卷，拍摄回来冲洗，发现很多都花掉了，都是霉点，因为它是英国出的，没有考虑到中国的问题，胶卷从南方进来的，一受潮热胶卷都坏掉了。

记者：您怎么评价自己的作品？

薛华克：当时《藏人》第一本出来的时候，我对那本画册的评价是70分。第一本有很多问题；第二本就更糟糕了，尤其在印刷上非常差。第二本画册我是非常不推荐的，当然我是针对整个画册来讲的。我觉得现在我的拍摄状态比以前好很多，我会根据不同的情况，非常灵活地转换拍摄的方法。

比方说一个场景，不要拍得太拘谨，要松弛一点。西藏的作品大致上都是摆好了的，这样规规矩矩的，用光也非常讲究，我还是会拍这样的东西。同时我也会拍一些非常宽泛的东西，很随机的东西，类似于像抓拍的，或者是很放松的东西，场景也很宽松的作品。

记者：对，我感觉到您是在找自己的东西，找自己想要的那些东西，拍到了什么并不是最重要的。您的作品有没有受谁的影响？

薛华克：其实我的作品真的没受人影响，这样讲其实很公正。为什么？不是说自己很骄傲，因为以前我们的信息都很封闭啊，差不多在我的这种摄影风格形成的时期，我们能看到的画册是非常有限的。你说我们还有多少机会学习国外的那些前辈们的东西呢？我记得大概是20世纪80年代，我在北京看到过一次布列松展览的原作，那次我真的是终生难忘啊。但是等到现在，我开始有机会接触到一流的摄影家还有他们的作品的时候，我已经基本上形成自己的拍摄风格了，那个阶段的路已经都走完了。

母与子。阿里 1996年

凝视。2006年

姐妹。雄梅 2006年

▶ 次仁卓玛。1992年

放生者。2006年

▶高原童趣。藏北 2006年

仿佛从天而降。石渠 1994年

摆酷的小男孩。申扎 2006年

▶有红五星65式军帽的
羊女。班戈 1999年

老汉特写。拉萨 2006年

◀呵护。1999年

牧民夫妇。1999年

▶大爱无声。2006年

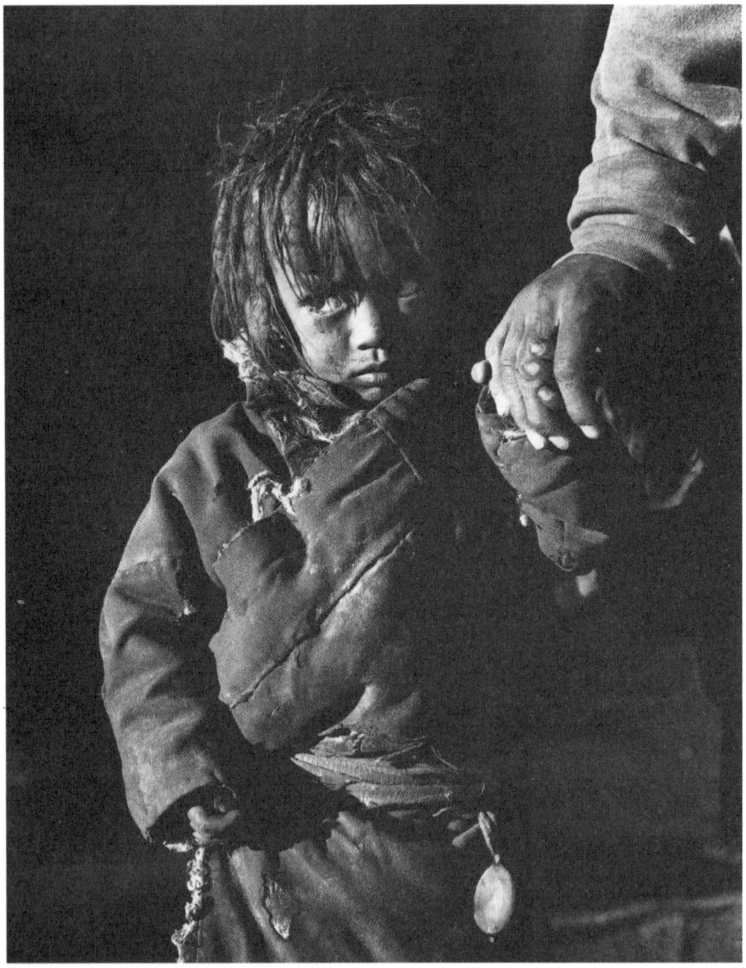

守护者。1992年

一家亲。2006年

牧区母子情。

土登

记录是我们的责任

记录是我们的责任

记录是我们的责任

我有一种习惯，那就是必须要把人物、场面最好的角度，最佳的神态、神情拍出来。所以，无论什么时候拍摄，只要拍，就要全神贯注，全身心地投入到镜头上。

——土登

记录是我们的责任

口述人：土登　采访人：张宇　时间：2009年6月2日　地点：拉萨

土登，藏族，1954年出生于拉萨，1975年毕业于中央民族大学，在新华社西藏分社任摄影记者至今，现为采访室主任。中国新闻摄影学会常务理事、西藏自治区新闻摄影学会会长、西藏自治区摄影家协会副主席。新华社首届国内"十佳"记者。

从事新闻专业摄影工作20多年，土登几乎走遍了西藏高原120万平方公里的土地，采访拍摄了反映西藏民俗、风光、社会变迁的照片，其中大量照片被国内外报纸、杂志、画册、展览以及其他摄影活动广泛采用，曾多次在各种全国性摄影大赛中获奖。

扎什伦布寺喇嘛。2000年

现在摄影记者很缺，你就来做摄影记者吧

记者：土登老师，请您给我们谈谈您的拍摄经历？

土登：我是"文革"中第一批工农兵大学生，1971年去的中央民族学院，在那里学了4年。

记者：学的就是摄影？

土登：当时在北京，我们那个系的名称叫做少数民族民语系，就是民族语言系。学的是翻译专业，翻译什么呢？先学汉语、再学藏文、汉文翻成藏文、藏文翻成汉文的这样一个专业。毕业的时候是1975年，我休息一个月以后，组织部把我分配到新华社西藏分社。我到分社去报到的时候，社长说：你是我们好不容易招进来的一个大学生，你要做记者，记者这个职业里头有两种，一种是文字记者，一种是摄影记者，现在摄影记者很缺，你就做摄影记者吧。当时社长这样说了以后，我觉得有点儿犯怵。

记者：是因为之前没有了解、接触过摄影吧？

土登：是的，我从来没接触过摄影，我把自己难以胜任的想法给社长说了，我说，我在学校学的是翻译专业，到这儿了是做新闻工作，是不是应该去内地再学一下新闻，尤其是学一下新闻摄影。

社长说，不行，你已经在北京学了4年，以后再不能去内地去上学，重新学什么新闻？你明天开始上班，上班以后呢，你要跟着老记者边学边工作。于是，我就一天到晚跟着老记者，看老记者是怎么采访，怎么拍摄的。一个是自己跟着他们一块儿去学，再一个呢，是每天要做一些记录，尤其是摄影上的内容，我搞摄影那真正是从零开始。就这样，第二年还是第三年就配了一台120的相机。西藏那个时候条件相当艰苦，交通也没有现在这么好，好不容易去采访，有时候一次采访要十来天，有的时候要一个多月。回到分社以后，后期的暗房冲洗、放大包括编稿也要花费很多精力。

只要把照片拍好了，心情比什么都舒畅

记者：都是自己来做吗？

转经的老人。山南 1999年

土登：全是自己动手。采访可能是只用了半天的时间，但是后期制作上面，时间要长一些。而且，可能我拍的时候是用心去拍了，角度都事先凭自己跟着老记者学的这种水平，凭自己的一点点经验就拍了，拍了以后呢，因为职业的原因，总是处于一种非常担心的状态。就说这个胶卷，照片冲洗出来之前，我这个心情，心里一直不踏实，处于高度紧张的状态。有时候呢，吃饭都吃不好，等到了拉萨，到了暗房，把胶卷冲洗出来，看到效果还可以才放心了。特别是拍的一些西藏的重要活动的片子，遇到这个时候，更紧张。

记者：不能错过，是吧？

土登：当然不能错过，你得把它真实地记录下来是吧？拍下来以后呢，由于当时的光线或环境的因素，可能有时候会出现画面的曝光不足或者是别的状况。而且西藏的室内室外包括白天晚上的温差也大，光线的变化也大，拍摄一张比较好的照片啊，确实需要花费很多努力。

记者：这些压力是您自己给自己的吗？

土登：这个是自己给自己的压力，慢慢地也成了我们的职业习惯。我们主要的拍摄对象就是普普通通的老百姓，我们非常愿意拍老百姓的生活状态，就是日常生活中衣食住行的一些变化，特别是每逢一些重大活动，更要反映一些细节的东西。当时拍摄这些活动，由于我本身不是学习摄影专业的，所以，每次拍摄都可以说是如履薄冰吧。

古树与古塔。2002年

记者：还记得您作为摄影记者的第一次采访经历吗？

土登：我第一次去采访是在拉萨郊区，主要是拍牧民的生活变化的题材，我带了一台禄莱福莱相机，那时候胶卷还有点紧张，我就在近郊的一个村子里选了一个家庭，这家人口比较多，个个都很勤快，我就拍他们的家庭生活照片，包括在田里劳作的场景，用了一个胶卷。

记者：那您对第一次的采访成果满意吗？

土登：还算不错吧，回去冲洗了一下，比较清晰，毕竟是第一次嘛。

记者：有您参加的印象比较深刻的活动吗？

土登：印象比较深的一个活动，大概是1987年，拉萨恢复了历史上的一个藏传佛教的重大活动，叫做祈愿大法会。那时候，分社摄影记者只有我一个人，其他几位都到北京开会、出差去了。祈愿大法会是“文革”中断十几年以后第一次恢复的，活动本身意义很大。我去参加这

藏传佛教的西藏祈愿大法会盛况。1987年

个活动的时候，虽然我是藏族人，但是我对这个大法会的真正内容，以及它的程序，了解得也不多。后来，在大法会开幕之前，我在拉萨找了社科院的一些从事藏传佛教研究的专家、学者，跟他们采访、请教，了解这个大法会是怎么回事，什么意思。事先了解了一些以后，对后来的拍摄起了很好的作用。这次祈愿大法会持续了10来天，活动特别多，内容也都不一样。我对每天的活动有一个大致的了解后，每天拍法会一些有意思的镜头、场面，晚上回到单位自己冲洗、放大，还自己去传真，整个过程十分辛苦。有时候一天就只吃一顿饭，有时候就是夜里

头，在暗房里随便吃一下就完了。我们这种人对吃饭不吃饭都不是很在乎的，只要把照片拍好了，心情比什么都舒畅，满足。整个法会持续了十多天，国际国内，对内对外我大概发稿几百张照片，其中人民日报海外版用了一个整版。这个整版内容介绍了中断十几年的祈愿大法会在拉萨隆重举行！现任中国藏学研究中心党委书记的朱小明，当时是西藏宣传部的副部长，他看了《人民日报》海外版刊用的这组图片，后面署了我的名字，就给我们分社打电话表示感谢。有一次我们见面，他说，你这个片子拍得太棒了，宣传部的领导都给予了很高的评价。

印象比较深的再一个就是对孔繁森的采访。孔繁森当时是拉萨市的副市长，我感觉他很随和，没有架子。他那时主管卫生工作，我随他外出调研、考察时，他很少听汇报，而是直接到老百姓家里，到最需要帮助的牧民家里，帮他们解决实际问题，孔繁森的务实作风对我影响很大。

这儿就是摄影的天堂

记者：这么多年，您的拍摄目标有何变化？

土登：我们就是拍照片嘛，只是由于自身的职业习惯吧，要求自己张张照片一定要拍好。我有一种习惯，那就是必须要把人物、场面那种最好的角度，最佳的神态、神情拍出来，所以，无论什么时候拍摄，只要拍了，就要全神贯注，全身心地投入到你的拍摄上来。

山南的门巴族在跳自己的民族舞蹈。2006年

记者：工作之外，您还拍摄什么，都喜欢拍哪些？

土登：我出生在拉萨，本身是藏族人，二三十年来，从事新闻摄影工作以后呢，整个西藏我几乎都走遍了。我对这儿的风景、山水，对这儿的老百姓，真的有一种特殊的感情。还有就是很多事情，书上说的和实际看到的不完全一样。我有一种什么感觉呢？西藏这个地方真是太美了，西藏的山水，270多万人口，120万平方公里这样一个广袤土地上，你要用心去体会的话呢，西藏这个地方一个是宗教、一个是西藏的文化，一个是西藏的民俗风情，那真是一辈子都拍不完的题材吧！这儿就是一个摄影的天堂，这个话可不是夸张的。所以说，我除了要完成新华社的任务以外，自己平时一有时间，就带着相机去拍摄。像西藏的一些节日啊，活动啊，只要听到了，只要碰上了，都要去。

记者：有意识地去？

土登：有意识去拍摄，有意识地去记录，在这个过程中，尤其对西藏的文化，对西藏的那种民俗风情我特别感兴趣。比如说西藏的藏戏，西藏的歌舞，西藏的节日等，我觉得都非常有意思。这种题材呢，不能说是今天拍了就拍完了，我的想法是，今年也拍，明年也拍，慢慢地积累下来，将来各方面条件好了，我想出一些画册。这一生搞了摄影，对这个相机有一种依依不舍的感情，最终，对自己这一生有一个句号吧？有一个交代吧？

记者：您刚才说，西藏您几乎都走遍了，您最常去的是哪里？

土登：西藏地广人稀，在我从事摄影工作这么多年的经历中，我跑得最多的还是农村牧区，我喜欢深入到群众中，关注他们的衣食住行的变化，关注他们生活的点滴。所以，在西藏采访，你要有充沛的体力，思想上也要跟进，要及时了解政策，并将农牧区人民生活的真实情况反馈给决策者。

记者：能给我们举个具体例子吗？

土登：比如，在日喀则地区的江孜县，有一个全区的种粮大户，名家叫次仁旺堆。在当地，是挺有名气的种田农户，他在播种、施肥等多个程序都有一套方法。20世纪90年代的时候，他就是给国家交万斤余粮的大户。这些年，我有时间就去他家拍拍，每一次他家里都有新的变化，都有新鲜的感觉。他现在年龄大了，他的孩子开始全面接手他的工作，我计划，明后年还要去，不仅是宣传他们的事迹，更多的是宣传他们的经验。而且，这种变化，用摄影来体现，更有说服力。

记者：您刚才说了，最初的组织安排，您心里有一点不太适应，到现在有意识地去拍摄西藏的民俗、文化，您用相机见证了西藏当代翻天覆地的变化，现在再让您回过头来看，您对摄影是一个怎么样的认识？

土登：我对摄影是这样看的，我觉得首先它是一个非常有意思的职业。玩相机的这个人，对他的各方面应该说是要求很高的。比如说光会照相不行，就是说你要真正拍出一些很有意思的照片的话，除了学技术技巧以外，还要多学习其他知识。这里就要具备一些文化含量，比如说，我本身是藏族，实际上我现在已经50多岁了，但是我对我们本民族的历史，对藏民族的风俗习惯，对这些方面的了解、学的都不是很彻底。只有了解了，知道它的传承了，你才会更深刻地理解，才会投入更多的感情去拍摄，而不是简单地按一下快门就完了。

再一个呢，我喜欢拍那种纪实的，带一点人文色彩的。这种照片，今天想看，过了一段时间还会拿出来再翻翻，因为它本身是有人性化的东西，有那种故事性的因素在里面，说到底，这也是在记录西藏人民的生活、记录西藏的历史。我觉着，这是我们摄影工作者，特别是我们西藏本土摄影工作者的责任。

记者：您这些年来一直坚持深入基层，拍摄第一手资料，您也采访了很多重大活动，有什么经验可以分享？对于本土摄影记者，您采访中的甘苦能否也谈一下？

土登：这些年下来，每一次的采访感受都不一样。采访条件越来越好了，器材也比以前先进多了，但有的时候，作为本土摄影记者，长期熟视一些司空见惯的场面，思维往往会受局限，遇到这种情况，我就会在平时有意识地看一些国内外的摄影杂志，现在有网络了，也要经常看看，学习和不学习完全是不一样的。

说起其中的甘苦，酸甜苦辣都尝了，在西藏高原的拍摄，很多时候是体力活。由于长期拍摄，我的视力也比以前差多了，身体状态也越来越弱，不过，总体来说，我是开心的。至于说经验，谈不上。我每次采访重大活动前，都要多了解一些背景，在摄影器材方面也要有充分的准备。另外，在拍摄现场，要多注意思考，多选择一些跟别人不一样的角度。

最后，我想说的是，西藏有这么好的摄影资源，我们又有第一代老摄影工作者良好的传承，他们对待摄影工作执着、一丝不苟的工作作风、生活作风，我们都要学习。

现在，经过几十年的发展，人民生活条件大大提高了，物质充裕了，我们更应该把握当下的机会，做好自己的本职工作，用摄影为西藏留存今天的历史。

贡布姑娘。2001年

身穿节日盛装的藏族妇女。
拉萨 2002年

节日夜晚的布达拉宫广场。
拉萨 2005年

林芝地区的南迦巴瓦峰。

2008年

车刚

感恩西藏　感恩西藏

感恩西藏

感恩西藏

一开始拍片子有点猎奇心态，感觉西藏是一个特殊的地方，这里人们的生活，民风、民俗和内地都不一样。到后来，当你真正进入他们的生活后，你会理解他们的生活为什么是这样的。你就会从另外一个角度带着一种情感去记录它，追踪它。

——车刚

感恩西藏

口述人：车刚　采访人：陈曦　时间：2009年8月19日　地点：拉萨

车刚，1957年出生，山东人，1983年进藏工作，曾在《西藏日报社》、西藏自治区旅游局从事摄影工作，现为西藏自治区摄影家协会副主席。曾出版过《西藏风情》、《走进西藏》、《秘境西藏》等5本摄影集。1989年4月、2007年8月、2008年7月分别在中国美术馆、山西平遥、北京今日美术馆举办过3次个人摄影作品展。2007年平遥国际摄影大展中国优秀摄影师大奖获得者。被中国摄影家协会授予"德艺双馨优秀会员"、中国摄影五十年"优秀摄影工作者"称号。

天上宫阙
1997年

受哥哥的影响我走进了摄影

记者：车刚老师您好，感谢您百忙之中接受我的采访。请您介绍一下个人的摄影经历吧？

车刚：好。因为我哥哥车夫[注]是搞摄影的，就直接影响了我。所以我从小就觉得摄影挺好玩的，每次哥哥回来背着相机，特神气，我喜欢胸前挂着两三部相机的那种感觉。他经常到边防第一线采访，在战地上、在其他的工作环境中有不少留念照，他会经常寄回来。哪怕是尺寸不大的黑白小照片，他都会给家里寄回来。从那个时候我就开始知道摄影，知道摄影师的感觉很好，慢慢地自己也喜欢上了。

记者：哦，原来是这样。

车刚：每次哥哥从部队回来探亲，休假的时候他都会拿他的相机给我们拍一拍，随后便让我们玩玩他的相机，看看相机是怎么回事，所以我从小就摸过很好的相机，有徕卡，有哈苏。

记者：您哥哥就是一名军队摄影师，是吗？

车刚：对，他在部队拍了40多年，是部队的摄影记者。他还很有想法。他小时候是学画画的，后来走上了摄影工作岗位。他就让我从小也接触美术，从写美术字开始，然后画速写，后来画一些宣传画、连环画之类的美术作品。可能那个时候他就有想法，让我先多接触一些将来和摄影有关的东西，比如说造型、色彩这些有美感的东西。在哥哥的引导下，我在高中时就有了相机，是我哥送给我的，我就用相机试着拍些照片。

后来上山下乡当了“知青”，拍黑白卷，再用一个手电筒包上红布做暗房灯，也开始试着制作一些照片。那个时候胶卷很有限，经济条件差，知道要尽量节俭。

记者：您之前学过美术，书法，您有什么感受？

车刚：由于摄影是后来的事情，那个时候谁家有一部相机已经是属于“几大件”之类的东西了。像我上学的时候，没有说是一定要去学文化，经常是上山下乡，到工厂劳动，或者去参军。大家都在培养两个兴趣：第一，当运动员，爱好体育；第二，学点美术，学点一技之长。那个时候，我好像两项都不错，第一，爱好体育，在学校还有运动纪录；第二，受哥哥影响，将来想当一名摄影记者。由于在美术方面接触得比较多，为后来搞摄影打下了基础，我觉得，这对我来讲还是益处很大的。

记者：那个时候，学习艺术门类的开销大吗？您的家庭支持您搞这些吗？

车刚：那个时候不像现在拍照片这样发疯，一个胶卷能用很长时间，大概两个月时间才拍完一卷135胶片。我那个时候用上海的582相机，36张片子，非常节省。我哥哥后来调到北京，在《解放军画报》社当记者。当他们有任务时，如胶卷没用完，剩一两个就会给我寄回来。还有一个途径就是买过期胶片，就是拍电影的过期胶片，大牌的，比如伊士曼彩色的，还有其他品牌，买回来自己动手卷成一卷卷的拍照用的胶卷。

往往产生意义的是那种纪实类的照片

记者：您本人最喜欢的摄影作品是什么呢？在社会影响力如何？

车刚：我在1991年拍过一幅片子叫《天路》，是一个很偶然的机会拍到的。我们到藏北去拍一个骷髅墙天葬台，在拍完回来的路上，因为走的路很艰难，在怒江峡谷，遇到大雨，路又

[注]车夫（1946—2008），1946年出生于辽宁省丹东市，大校军衔。1964年入伍1971年起担任《解放军画报》摄影记者。1993年享受国务院颁发的政府特殊津贴。1998年荣获中国新闻摄影学会贡献奖；2001年、2004年两次获得中国人民解放军摄影艺术奖。1986年、1989年两次在中国美术馆举办个人摄影作品展。2008年4月4日在北京逝世，享年62岁。

天路。1991年

滑，很危险。在一个转弯处，雷雨停了。天空中是乌黑色的云，但是在山脊和天空之间形成一道“佛眼”，一个转经的人正走进“佛眼”中。我当时感觉特别好，就抓住司机，叫他赶快停车，没等车刹住我就举起了相机。我当时只有一部随身的尼康135相机，装的是反转片，“咣咣咣”拿起就拍了3张。等坐在后排那3个朋友再从包里取出相机，转经的身影已经消失了，神圣的感觉也就没有了。所以这幅片子我起名叫《天路》，也有其他朋友为这幅作品编了名字，有的叫“云光”。很多人喜欢这幅作品，出版社出版画册，还有展览、评奖，这幅片子采用率比较高。

记者：这一瞬间抓得很经典。

车刚：对，我觉得从摄影艺术来讲，它是一幅非常完美的摄影作品。但是它在社会上产生的意义不是特别大。产生意义的往往是那种纪实类照片。比如说我到藏北去采访，采访藏北地区的雪灾情况。那时候我在《西藏日报》当摄影记者，1985年9月搞大庆活动，结束后，我沿着青藏公路去采访。当时我和领导说，我走青安线去，单位不要派车。那时候交通很困难，我一路搭车走，到丹青采访几天，在那儿转一转，然后再搭车，一路我到了藏北那曲。到了那曲以后单位通知我，那曲大雪灾，你就不要回来了，就地采访。需要什么东西，比如胶片不够用，单位会给你送，找车带过去。我立即在当地投入采访。当地也有文字记者。当时条件很差，非常非常冷，一般的羽绒衣在那种情况下是不够的。后来我们还翻过唐古拉山，那种海拔高度，气温可以达到摄氏零下40多度，空军的气温表每天显示在零下44度，永远在最低点。我是临时去采访的，单位没有派车，我就在当地租了两床被子，那时候睡袋很少，买了大半箱钙奶饼干——青岛产的钙奶饼干，随后就投入到了抗雪救灾中。当时雪灾面积非常大，去了以后我们随即拍了一些录像。拍完之后的心情特别激动，一看牧民受灾了，我们就拿出自己的钱，因为我们去采访不需要花什么钱，随身带的钱就拿出来捐给了灾区，之后再次投入采访。这期间前前后后跟了车队、直升机等很多交通工具，利用各种交通运输条件去采访。

有的时候到了灾区第一线，有的时候由于大雪封路导致半路回不来，还有的时候被大雪封住了，车被陷住了，我们自己也被救援回来了。就这样持续了将近半年时间。半年以后，我将所有的拍摄作品拿去投稿，包括《北京青年报》等媒体都采用了我们的采访报道，很多地方给我寄来稿费，我统统捐给了灾区。我发表的作品，比如登在香港《大公报》上的作品，一些企业家、老板都看到了我去采访，到了灾区第一线，得到了现场受灾的一些情况以及救灾的一些情况，于是纷纷对我说要捐款。他们要捐十几万的钱物，都会主动来找我，我当时就告诉他们去找民政部门，通过民政部门直接把款捐过来。

带着感情去记录

记者：作为汉族人，您在西藏生活了近26年，游走在农牧区和拉萨市的平民百姓中，亲自见证了西藏的变化。在此过程中记录了很多反映藏族人民的民风民情的变化，其中拍到的难忘的瞬间有哪些呢？

幸福不忘毛主席。1989年

车刚：很多很多。我先讲讲我进藏的经历，进藏的时候不是说我怎么热爱西藏，我如何如何，不是这样的。当时我在辽宁丹东当知青，后来回城当工人，当过装卸工人，也当过油漆工，就是油漆粉刷，这些我都干过。后来，由于爱好摄影，我就调到丹东一个科技情报研究所拍资料，拍一些产品的资料。我哥哥在北京，他觉得我好像在摄影方面还可以，就想办法给我创造条件到北京去当记者，到北京去工作。

后来就采用了一个迂回的办法，正好1980年西藏大批借调工作人员。当时西藏很多行业、企业骨干都走得差不多了，报纸办不下去，银行发不出工资，出现了很多问题，然后各个行业开始从内地借调工作人员，那时候不叫援藏，叫借调。比如说我，爱好摄影，《西藏日报》缺摄影记者，他们就把我借调两年，其间一直都是我哥哥帮忙联系的。因为他1980年去过西藏采访，就这样，我被借调到《西藏日报》工作两年。

刚到《西藏日报》觉得还不错，又年轻，所以他们说你就留下来吧。留下以后，西藏自治区从20世纪80年代中期开始开发，搞旅游。由于对外宣传方面比较弱，政府直接把我调到旅游局去了，搞对外宣传。想好好拍点东西，那个时候都喜欢艺术创作，能创作点好作品，然后到北京参加全国影展。有了好作品，想办法到北京

藏北老人。1990年

去工作，这是最终目的。两年以后呢，一个是单位不让走，再一个自己也慢慢喜欢这儿了。从一开始拍片子，有点猎奇心态，感觉西藏是一个特殊的地方，这里人的生活，一些民风、民俗和内地都不一样，这样拍出来的东西拿到内地给人看，都会觉得是很好的作品。因为很多人看不到，那个时候摄影记者来得很少，因此很多人拍不到。

到后来，跟一些藏族人成了朋友。当你真正进入他的生活后，你就能理解他们的生活为什么是这样的，他们的风土人情是那么丰富，还有那么多的规矩。你就会从另外一个角度，带着一种情感的东西去记录它，追踪它。

记者：您早期拍风光，西藏的风光作品多一些，而现在拍纪实类的更多一点，这个转变过程您是如果看待的？

车刚：也不是你所说的那样。我发表的东西不多，很少找杂志社发照片，都是人家来找我的，我有时候比较懒，作品还不愿给别人。实际上，别人在采访我的时候我会说，我是摄影杂家，因为我什么都拍。生活在西藏这片土地上，所接触的环境要记录下来，所接触的风土人情和人民的生活以及一些大的宗教活动，都应该记录下来。

接触到的社会环境在发生变迁，它在进步，它在建设。所以它的面貌在不停地改变，这些也需要记录下来，所以我说我是摄影杂家，我什么（照片）都拍过。当然，那个时候对摄影有热情，非常有热情，但是说句心里话，有的地方就没有好好地去策划，没有执著地、认认真真地去把一个东西往深处挖掘。同样是在拍照，也拍到了不少东西，也留下了不少东西，但是从现在来看，不足、不够、不过瘾。就像一些老摄影家说的："我们那个时候西藏的东西拍少了。"因为那个时候拍摄条件摆在那儿，发给你几个胶卷，也不是说一个人能拥有一部相机，而是几个人合用一部相机，今天你用，明天他用，而且还有纪律，不让随便出去。

20世纪80年代的时候，我们的条件仍比较差，但是这些年我一直坚持，除了公家提供的一些器材，自己是绝对的全部投入。自己买胶卷，买器材，一直到现在，我用的所有的器材都是自己的。我有一种观念：喜欢这个事业，有那么好的经历，而且又生活在摄影家的天堂——西藏，所以在这方面我是全部投入，一点也不吝啬。

记者：那您就是游走在西藏的各个地区，然后拍风光、拍人物、拍民俗之类的照片。所遇到的困难肯定有不少，您是如何克服这些困难的？

车刚：困难有，像我们呢，可能和内地来的摄影师相比，我们的困难相对要小一些。但是，现在感觉越来越困难的就是交流——语言的交流。因为当初进藏只是想拍两三年，拍出点成就，做个跳板，然后就跳到北京当记者。实际上没有策划自己的职业生涯。当时应该好好学语言，语言很重要。假设拍一些肤浅的东西，则不需要语言，简单地打打招呼，拍了就走了。但是真正要拍专题的时候，就要深入进去，要和他们（所要拍摄的对象）交心，那时和他们交流，只有简单的语言是不够的。其他的困难都没有太大问题，因为我身体好，高原反应可以对付。在西藏的农村，我非常容易和当地的农民打交道，只要这个专题在他们家开始拍了，我就

藏北人家。1997年

成了这家人的朋友，他家中有什么困难就会找我，我会尽力帮助他们。到了年底，他们家中杀了牛以后，会扛个大牛腿给我送来，或者送一只羊过来，就成好朋友了。

我拍过一妻四夫（藏北家庭），一开始感觉，一个妻子四个丈夫，这种专题拍出去，内地人看了，肯定会大吃一惊的，肯定会感觉很新鲜。但是当你真正进入他们的家庭以后，会发现这种制度并不是一种伤风败俗的婚姻，它是一种既成的事实。女主人会跟男方中的老大举行婚礼，一般都是兄弟几个娶一个太太，老大举行正式婚礼，其他的兄弟成年之后和他们一起生活，这种家庭往往是很和睦的。最初，它是生产资料的分配方式所造成的。假如说在内地，一个家庭有四个儿子，就要找四个媳妇，这时就要分家，分家就要四栋房子，财产也要分四份，牛羊要分四份，所以这个家庭想发展起来很难，再加上本身家庭生活条件比较差，要是再分四份家产的话，每家的生活就会变得更差。

一开始进入他们家，是乡长、乡党委书记把我们带去的。后来我们经常去，时间长了，经常见面，就跟他们成了朋友，就变成有感情地去记录他们家的生活了。他们家人也不排斥我，会把我当成亲人，讲他们家的生活故事，比如他们家的生产状况，孩子们的上学情况，包括女儿要嫁出去的婚姻状况，找什么样的丈夫，什么样的人家，都会来和我沟通一下。孩子上学了，学习成绩怎么样，哪个想继续上学，想培养哪个……就如同和我成了朋友一般。像这些东西需要你带着一种情感去拍，去记录，那时就会觉得很朴实、很真实。

灌水打茶。1997年

切牛肉。1997年

平措和她的四个丈夫。1997年

幸福的全家福。1997年

他们的四个孩子。1997年

丈夫们为平措又做了件新藏装。1997年

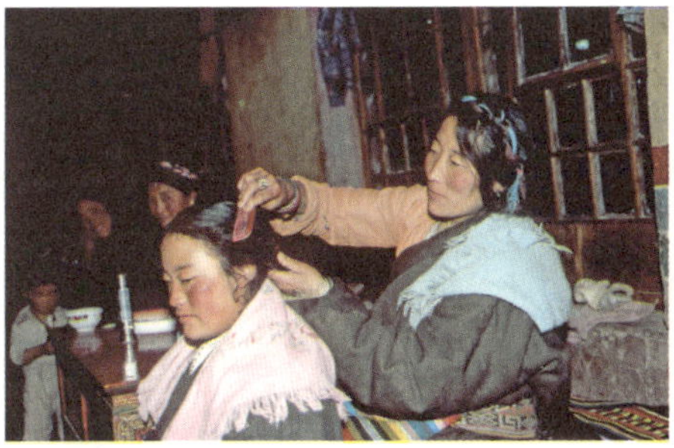

为女儿梳妆。1997年

清晨到河边背水。1997年

记者：他们的孩子会不会对某个父亲有排斥的心理，比如说跟这个父亲好，或者跟那个父亲特别好，然后就排斥另外几个父亲呢？

车刚：我接触的这个家庭没有，这个家庭本身很和睦，他们叫老大叫爸爸，叫其他的都叫叔叔。家里哥儿四个各有分工，孩子的妈妈是最操劳、最辛苦的，女主人在家里是很有地位的，孩子们都很听话，都要听妈妈的话。

记者：就是说这个妈妈是一个主导的地位。

车刚：对。基本上属于二把手。（笑）

记者：那么老大就是一把手了？

车刚：对。

记者：在您出版的两本画册当中，我们看到您拍摄了很多西藏神秘的宗教，多彩的风情，您能谈谈这两本画册当中比较令您难忘的故事吗？

车刚：其实我前后出过了5本画册，这5本都是出版社选报的选题。实际上不属于自己的“个性”画册，是纯粹的作品展示，它是根据市场的需要，编了一本有《西藏风情》、《雪域高原》、《走进西藏》等手册式的，然后是《哲蚌寺》，最后是《秘境西藏》，都是出版社做的选题。当然这些画册出版后，从我个人角度来讲，我感觉有些不好意思，因为它不属于我自己（个性）的摄影作品集。

但是这5本画册对宣传西藏，传播西藏文化起了很大的作用，销售量很好，所涉及的西藏

祭山。1992年

方方面面的东西也很广，很多单位都有收藏。改革开放以后，国家各部委，包括全国各省市援藏来的人，除了人们直观地来感受西藏以外，走的时候还会带一些土特产，现在来的人更多的是带一些有西藏文化的东西走。

我会去捡胶卷盒

记者：现在很多摄影师开始用影像来促进某项事业的发展，比如说关注野生动物啊，如藏羚羊之类的，还有贫困山区，您是不是也有关注公益事业的计划？

车刚：我一直在做。从我个人角度来说，觉得有些领导很忙，官方有些事情他们想不到，但是从一个摄影师来讲，首先你是个摄影师，在业务上你要出作品，不能成为一个碌碌无为的摄影师。但光有光环是不够的，有光环，就要把光环放大，去关注和影响社会上的其他人。

比如说，我到一个县里采访，这个县几十年前的情况很复杂，有一个寺庙被炸毁了。到了20世纪80年代我再次路过那，寺庙已恢复。国家投资，老百姓捐钱，活佛也出去化缘，然后这个寺庙很快又变得金碧辉煌了。但我发现离寺庙不远的山下有一个小山坡，有60多座烈士墓的烈士陵园，干打垒的墙都塌了，坟墓前没有一个有墓碑。坟墓全是大土坷垃，上面长了蒿子草，长得很高的蒿子草，陵园也没有门，有一些人就把牛羊赶进去在那里放，还有的人拿着木桩子钉在坟头上，将马拴在坟前。

看到这种情况以后，我全拍完了。回来以后我就写了一篇文章，当时我说："落实党的政策是应该的，我们可以拿出几十万、上百万去修复一座寺庙，我们为什么不能拿出几万块钱来修整一下烈士陵园，这些人是为了解放西藏、建设西藏而牺牲的。假如他们的后代来祭奠他们的先辈，看到这种情况是会是什么样的心情？我们可以不去给每一个人都立一块墓碑，但可以修整一下陵园的院墙，把他们的坟墓修整一下，之后可以集体立一个碑，把在那里践踏坟墓的牛羊赶出来。"当时我很冲动，还给当地区党委领导写过一封信，因为我在西藏这么多年，不是发现问题后直接在报纸上报道，让你（问题单位）出洋相，而是希望通过正规的渠道、正确的手段来反映，希望能够得到当地政府的支持，最后能将事情解决。

所以我就直接给当地的"一把手"写了封信，一把手当时也很重视，做了批示，也发下去了。可能基层单位在操作上也有困难，或者是某些部门出现了什么障碍，一直没有解决。几年以后，我又到了那个县里，那天正好是清明节。坐上饭桌后，他（当地领导）派几个副县级干部陪我吃饭，我就说："咱们等会儿吃饭，今天是什么日子你们知不知道？"他们说："哎呀，今天是清明节。"我说："你们干什么了？"那个时候正在搞"三讲"教育，我就提议去烈士陵园为烈士扫墓，看到烈士陵园的状况我很寒心，当时我就觉得有责任把它建设好。我说："你们想怎么办？"他们说："第一，我们向民政系统申请一些专项经费，能把烈士陵园修整一下。如果没有钱，我们干部职工捐款。"我说："好，我就是十年前给区党委书记写信，反映烈士陵园状况的人，既然你们说发动干部职工捐款，那我先捐钱，我做第一个捐款人。"因为我也是出差绕了一大圈，身上没多少钱，我就拿出500块钱捐给了他们。这个地方终于受到大家重视了。随后我开始协调，通过大家的努力和呼吁，总算完成了初步的修复工作。我喜欢做这类的事情，但是很多人不知道我在做这些事情。

这两年，我们看到拉萨有一块湿地，叫拉鲁湿地，这是西藏最大的一块城市湿地。有一段时间到了一种无政府状态，很多人就在旁边支根小棍，拦上铁丝网，旁边搭棚子，开一块地开始种菜，然后很多人将垃圾扔得遍地都是。后来，我就和一个藏族的文字记者去那里采访拍摄，跟拉萨市市长讲后，市长挺重视。那个时候没有双休日，我和文字记者还有市长三个人找了一个周末，坐着市长的车，沿着流沙河又走了一趟。市长看到实际情况之后更加重视，他觉得问题很严重，如果这个环境再不管理的话，拉鲁湿地可能将会遭到破坏。第二天，星期一，他就召集拉萨市城管、环保有关负责人开会，沿着这条路又走了一趟，马上决定，周末立即采取措施。到了周末，我们陪着市长来到拉鲁湿地，当时我拍了一张市长的背影，这张照片我给过他，但是我现在找不到了。市长是一米八几的康巴汉子，他跳到湿地的一个小沟对面，我跟着他后面跳，在后面拍到他一个侧面。

就这样，社会重视起来后国家也有了投入，就是为了这个项目，从国家申报了几千万，先将拉鲁湿地围了起来，现在这里是国家级自然保护区，也是世界上最大的城市湿地。所以每次路过那儿一看，这就是在我们当年呼吁下保护起来的！心里的感觉很不一样。

记者：通过大家共同努力，然后做成了这样一个自然保护区。

车刚：对。在保护环境方面，由于我是搞摄影的，过去用胶片，有时候一些领导，还有一些地方官员一起出去玩，一起去拍东西，有一些领导就把胶卷盒拼命地往地上扔，他们身边的工作人员也往地上扔。当时我和领导关系不错，又不想当着那么多人的面不给领导面子，没办法，只有我去捡。我在西藏这么多年，没有吐过一口痰，我没有痰，我也不会吐痰。在路边，哪怕一个苹果核，别人扔在地上，很多人觉得不会对环境造成污染，它（苹果核）会很快被吸收，或者是被小动物吃掉。但是我觉得扔东西这个习惯仍然是不可取的，“扔”这种动作都会让我觉得有不舒服的感觉。

记者：这种行为确实很不文明。

车刚：我在西藏，别人扔的易拉罐或者矿泉水瓶子我捡不过来，太多了。但是我会去捡胶卷盒，我觉得我的同行们，不一定是同事，大家都是搞摄影的，大家那么热爱西藏，那么热爱西藏美丽的风光，热爱这里的文化、民风民情，他们把胶卷盒这么扔，我都会觉得丢人，会不好意思，于是我就捡，不管走哪儿，我都会去捡。

记者：对，这是职业素养的问题。

车刚：当然，这种思想意识的形成需要一个过程。刚学摄影的时候，可能人们想的就是一定要成为摄影家，一定要获大奖，拍出好东西，出画册，最终出名。但是当你有了这些以后，回头再想，就会觉得应该为社会做些事情了，然后去关注社会、关注环境。像我11年来不间断地在拍摄盲人学校，一开始也是有猎奇的思想，盲人学校是外国人办的项目，拍出来会有影响。但是当进入他们的生活环境之后，我就成了他们的朋友，会用心去跟他们一起体验他们所有的一切，去帮他们做一些事情。后来我的朋友来西藏，不论是记者还是其他行业的朋友，我都会和他们说这事，大家要是感兴趣，就一起去看一看，不感兴趣便罢了，因为人们的想法是不一样的。

有的时候真是流着泪在拍照片

记者：听说您也在做些希望工程的事情？

车刚：别人说：“车刚，你拍得那么好，怎么不把照片卖了？”我心想，好像还不至于现在一定要去挣那个钱吧，我觉得我给社会留下来的东西是最重要的。我也不可能帮很多人，我的工资也有限，我还要养我的家庭，老婆虽然有工作，但还要养儿子，过去还有老人。如果他们告诉我，这个家庭非常好，就是穷，家里病人多，生活条件特别困难，但是孩子很争气。那好，既然这样的话，孩子去上学，剩下的我来帮忙解决，尽我所能地去帮助你，因为这个孩子想通过文化知识来改变自己的命运，这多有意义。我已经资助的一个孩子已经上高二了，他将来还要考大学，按他爸爸说的，考上大学，当干部，回来报答我。我告诉他不用考虑这些，也不需要考虑钱的事，先把自己的身体搞好，把家里的地种好，孩子的事情不要管，让孩子好好学习，因为你们做家长的唯一想法就是让孩子好好学习，将来能够考上大学，把命运改变了，那时候我的任务也就完成了。

记者：这两天看了拉萨的盲人学校，看到孩子们与你那么亲密的样子真是让人感动，可以想像你为他们的付出。您11年来拍盲人学校，这个事让我印象特别深刻，在这个过程中有没有让您特别感动的故事？

车刚：因为90年代初期时，旧医疗条件的限制等种种原因，西藏特殊教育刚起步，西藏有很多盲人儿童没能在适龄年龄接受教育。这些家庭也备受歧视。这时有个德国女子贝肯·萨帕瑞娅来到拉萨，调查盲人儿童情况。她本人也是盲人，她9岁失明。在她小时候就见到过西藏的工艺品，也听家人说过美丽西藏的故事，她很向往这个美丽的地方。失明后，她在想西藏有没有和她一样的盲人孩子，这些孩子是否接受教育，经调查确实有。最后由残联立项，确立了依托外国基金加上她募集资金支持开办了这个学校。现在除了拉萨主校外，在日喀则还有一个分校，培养了几十名盲童毕业。

这是一个充满幸福的大家庭，盲童们称女工作人员为妈妈，先生们是爸爸。盲童们在“中心”的生活、学习、看病一切都是免费的。 1997年

我觉得这件事有意义，然后走进了他们中间，后来跟他们成了朋友。我给他们每个人都拍了头像，然后问他们的眼睛是怎样失明的，现在喜欢学什么，将来想做什么。他们中有的就会跟我讲，我想好好学文化、学唱歌，我要把我们的故事唱给全世界听；有的孩子会说，我要开车，用我的心去开车。他们真的会用心灵去感受这个世界。这些，我都会用笔记记下来。

一开始走进盲人学校的时候，给一个叫久美的孩子拍照片。久美在图片中是男孩，几乎没有见过这个世界，3个月的时候就看不见了，长大后，我见他的时候他已经16岁了。学校的房东是个老妈妈，一个很有文化的退休干部。久美问奶奶，他说："叔叔给我拍的照片能给我吗？"房东奶奶把久美的话翻译过来告诉我，我说："没问题，我会给你的。"过了几天，我把照片洗好送过去了，他把照片贴在脸上，然后告诉大家（盲人学校的其他学生）："叔叔把照片送来了，上面有我。"他们都看不见，就会去摸。那种情形让人特别感动，他们对未来、对生活充满希望。我觉得自己有能力做好事，就一定要努力去做，不要将太多的东西强加在身上，要名分，还要挣钱，想得到太多就没有意义了。我的原则是：有一分钱我过一分钱的日子；有两分钱，我过两分钱的日子，但是要让日子过得有意义。

记者：您11年前拍的那些孩子现在的生活状况怎么样？

车刚：有的已经大学毕业了，毕业后就到他们家乡的一个农民旅馆当翻译。因为学习了几年以后，懂了英语，也懂了汉语，所以他可以给汉族人进行藏译汉、汉译藏，给外国人翻译英语；还有的出了国，到他们学校在国外办的项目中去当管理者，或者当老师；有些留在拉萨的国际合作医疗机构当翻译；还有的在这个学校开了诊所，由于他们学会了按摩技术，这个学校就给他们提供了一个就业环境，为社会服务。每一个人都是一个故事。很有意义。所以我拍了11年，到现在有时我也会过去，记录他们的生活，记录他们的一切。世界助残日的时候，我带了朋友去，那天所有活动的主持都是那里的学生。其中有一个孩子就说："我是瞎子。"大家一听有点愣，往往盲人不愿意别人叫他瞎子，但是他又接着说："我是瞎子，但我是我们村最幸运的瞎子，是我们村第一个懂英语的，是我们村第一个出国留学的。"他们到了这种（盲人学校）环境，大家的关爱，社会的关爱，跟学校的教育结合起来以后，这些残疾的孩子有了生活的信心，这是很重要的。实际上这种信心也在感染着我们，有的时候真是流着泪在拍照片。

记者：现在很多摄影人把西藏视为摄影的天堂，都会来这里进行创作。您觉得这会对西藏有一种推动的作用呢，还是产生相反的作用？

车刚：我觉得还是有推进的作用。他们（摄影人）走进西藏，就是因为喜欢西藏，往往是喜欢才能走来，进来之后，至少会是一个旅游者，然后就会在西藏消费，给西藏的经济带来一定的好处。随后把西藏最美的东西拍下来，不会就放到电脑中，有条件的可能会办展览，会把在西藏拍摄的作品展示出去，这样对西藏的宣传是有好处的，让更多的人了解西藏，我觉得他们也是媒介，这样对西藏非常有好处。

在萨帕瑞娅爱心故事的感召下，王石、张朝杭、王秋杭、李少白等一大批企业家、记者、文艺界知名演员、时装模特都走进了这个充满阳光和欢乐的"中心"。2003年

索朗旺堆的手风琴拉得非常好，他曾跟许多大明星同台演出过。 2002年

摄影的天堂——西藏

记者：您最希望跟他们说点什么？

车刚：我会观察这些人他是来干什么的，我不想去改变对方来这里的本意，每一个人的生活环境、接触的东西、社会阅历不一样。如果来这里的人是我的朋友，我会和他讲、和他交流，但是我不会说你必须怎么样。如果需要我提供信息，我都会提供，但是对方想通过什么方式进入西藏，那是他本人的选择。遇到困难，我可以帮你，但是怎么样和西藏的老百姓接触，怎样去接触他们的生活、去观察他们的一切就是自己的事情了。

有人说藏族人很难打交道，我觉得是很难，因为拍人很难拍。说句心里话，大家都觉得西藏是摄影家的天堂，真正拍风光可能会拍得很好、很美，有西藏的特色，大家会觉得非常非常好，很多摄影师会将西藏表现得非常美，但是拍西藏的人很难。第一，不能很好地沟通；第二，种种原因造成了西藏人不愿拍照片，再加上一些传统的习惯，因此很不情愿让你拍。一开始我会告诉要进藏的朋友，藏族人都是很友好的，谁都不会拒绝微笑，微笑可以拉近人与人之间的距离。如果他不愿让你拍照的话，完全可以不拍，因为你要尊重他，即使你拍了，也不一定能拍到好照片。

我们最近有一些作品展出来了，作品本身不错，观众看到了，觉得很好，但是照片人物的家属提出来，老人已经去世了，能不能把作品摘下来？按照藏族的传统习惯，人是有轮回转世的，死了的人，照片也要烧掉。

以前西藏的摄影师跟内地交流得少，再加上整天还是对着那些转经、磕头的人拍。如今社会在进步，在发展，需要你记录这个社会，记录身边发生的人和事，这就有意义了。我到了协会以后，搞了几个大活动，活动都是官方安排的，后来我自己还创意了一个，取的名字叫“农民的微笑”，报告给党委，党委一看，觉得这个想法非常好。因为改革开放以后，西藏新农村建设得很不错，老百姓的日子确实过得很好，说句心里话，西藏人民实际上不穷，有的比内地

尼玛和欧珠与美国客人共度美好时光。2009年

农村家庭收入要高得多。搞新农村建设后，他们盖了不少新房子，看上了电视，喝上了干净的水。所以我就发起了这个“农民的微笑”，号召摄影师深入西藏农牧区，把镜头焦点对准农牧区。我在报告中写道，把焦点对准那些富起来的西藏农民，对准那些带着农民致富的带头人身上，实际上越拍这些越有意义，也很好玩。当然了，风光风情也要拍，但是我们除了这些，还有更多的可拍的东西。

记者：对，让这些农民逐步地发展起来，让摄影师将他们的生活状态传播出去，大家就能更了解西藏地区的发展了。

车刚：我们搞“合家欢”，这是一个特别好的项目，农民富起来了，但是不可能全家到城里去拍全家福，我们摄影家协会就会到农牧区去，去给老百姓拍全家福，拍完以后，放大好再送给他们。这个项目很好，虽然有的同事执行这个项目的时候只把它当成一种工作去完成，没有想到在完成这项工作的时候把照片变成一幅作品。这个项目很受西藏农牧区人民的欢迎，我们用了3年时间，给上千户老百姓拍下了全家福，之后再去这个村子就和村民成了朋友，大家像亲戚一样。操作这个项目的时候，一开始有些家庭比较排斥，他们怀疑拍完之后，照片不给他们，但我们说：“只要拍，必送。”第二次我们送照片的时候，第一批没拍的后悔了，后来我们就跟村长说：“没问题，只要需要我们拍，你们农闲的时候（农闲的时候往往家里人才能集中），打个电话，我们随叫随到，全部免费为群众拍。”

记者：最后一个问题，可能跟我从事的工作也有些关系，您拍照这么多年，最喜欢的一台相机是什么？

车刚：最喜欢的是哈苏。最早我就摸过哈苏，那是我哥哥用的。我记得还是相机下面带电动马达的那种，挂在胸前，还拍了一点东西，觉得特神气。进藏以后，自己工作了几年，自费买了哈苏，从501到现在的503CW，一直在用。哈苏相机给我出了很多作品，当然我也用过尼康、雅西卡、理光的相机。现在用得比较多的就是佳能。

1	6
2	
3	7
4	
5	8

1.“中心”的盲童们永远阳光灿烂。左为久美，右为扎西。1997年

2.寒假过后，家住日喀则拉孜县的吉拉、强巴、多吉三兄妹要回“中心”，父母和乡亲们为他们送行。2001年

3.美国人马可是名眼科医生，他经常来看望“中心”的盲童们，希望多给他们点爱。2002年

4.盲童在“中心”学习一段时间后，一些学习成绩好的学生会被安排到正规学校与健康的孩子们一起读书。 2004年

5.尼玛旺堆是个聪明的孩子，被“中心”送到德国进修一年，这是他在教小班的盲童学习英盲文。 2006年

6.保罗在萨帕瑞娅的手心上描绘着盲童们画的美丽图案。1999年

7.孩子们喜欢鲜花，每天都会为花浇水。看贡桑小朋友抱着鲜花多高兴。 2007年

8.盲童们长大了，一个个成了帅小伙，右一为久美。2009年

心灯。1987年

佛三宝。1988年

转场。1991年

未来佛 1997年

顶礼。2004年

林周望果节。2009年

踢足球的藏北女孩。2009年

阿旺洛桑

记录我心中的西藏

记录我心中的西藏

记录我心中的西藏

我生活在这片土地，对这里的一切都有着更深的感情。我也更有责任记录他们的喜怒哀乐，记录这里的山水草木、风俗民情。我把这些事情记录下来，50年以后，让后人去评是好是坏。

——阿旺洛桑

记录我心中的西藏

口述人：阿旺洛桑　　采访人：张宇　　时间：　2009年6月3日　　地点：拉萨

阿旺洛桑，藏族，1964年4月出生于拉萨，1991年起供职于西藏自治区摄影家协会，现任西藏自治区摄影家协会副主席。1997年作品《牧民一家》在拉萨举办的《银凯－理光杯摄影大赛》中获得一等奖。1998年《雪域人家》获中国少数民族摄影艺术联展一等奖。曾多次参加国内、国际影展，在区内外刊物发表过多幅摄影作品。

牧民一家合影。
色吉拉山口 1998年

我特别喜欢冲洗底片时成像的过程

记者：先简单谈谈您最初接触摄影的经历，怎么开始玩上相机的？

阿旺洛桑：我不像有些人很小就喜欢唱歌、喜欢跳舞，我可能不同于那种。我应该是1984年到咸阳西藏民族学院去学习，那个时候我买了一台红梅的120相机， 花了60多块钱。

记者：那个时候的60多块钱还是挺值钱的。

阿旺洛桑：我那个时候工资只有100多块钱。

记者：上学的时候还有工资吗？

阿旺洛桑：我是带着工资上学的，是第一批成人高考时考过去的。

记者：上学之前是什么工作？

阿旺洛桑：那个时候我在西藏自治区文联工作，我到文联的时候是1981年。那个时候，西藏自治区摄影家协会还在筹备阶段。最初找工作的时候，参加了文联的考试，后来就录取了。当时我没想到将来要学摄影，要搞摄影，我那时候喜欢文学，家里也算是书香门第吧。我比较喜欢藏文什么的，当时就在《西藏文艺》编辑部工作。

记者：怎么会花了大半月的工资买一台相机呢？

阿旺洛桑：到咸阳上学期间，经常参加一些助学活动。那个时候，有的同学手里就有相机了，我很好奇，当时觉得有个相机做点日常的记录会比较好玩。另外，还可以拍一拍纪念照。我特别喜欢冲洗底片时成像的那个过程，能把影像记录在相纸上，真是非常神奇。我就买了一台红梅120相机，有点像折叠皮箱似的那种。

记者：买了相机后都拍些什么呢？

阿旺洛桑：我们当时有几个同学一起玩相机，大家相互感染吧。我们大多就是同学们相互拍照片，拍完了晚上就冲洗，大家一起享受那个过程。暗房就是我们宿舍楼梯底下空余的一块地方，隔起来，就在那里面冲洗，一般放个7寸大小，一块钱一张，很多同学都喜欢。

周围都是老师，他们都是活字典

记者：这一时期，有没有和专业的摄影师有过接触？

阿旺洛桑：没有。1986年毕业后，我回文联继续以前的工作。20世纪80年代后期，摄影家协会的扎西次登老师在拉萨举办个人的摄影展览，因为同在文联系统，我就去帮忙布展。这也是西藏自治区的第一次个人摄影展览。扎西次登老师拍的西藏自治区的风土、民俗、佛寺等作品，我就仔细看这些片子，感觉非常有意思，也可以说给了我很大的震撼，这也算是我最早看专业的摄影作品了，就此也萌发了我对摄影的真正兴趣。

记者：就是说，这个展览对您的触动很大，让您感觉到摄影不只是拍拍纪念照这么简单？

阿旺洛桑：嗯，触动了。过去这种正规的展览我接触很少，就算看到了，也是那种阶级教育的宣传展览，真正的、出于艺术角度的摄影展览几乎没有看过。

记者：有了兴趣后，就准备专职做摄影工作了，是吗？

阿旺洛桑：是这样的。我记得我和扎西老师在布展的时候，因为片子多，摆不下，需要拿下一张片子。一张是布达拉宫的，另外一张是反映藏民服饰的，扎西老师也在考虑应该取下哪张片子。扎西老师本来想把《布达拉宫》拿掉，我就说，我觉得《布达拉宫》这张很好看，扎西老师就听了我的意见。后来，扎西老师问我，愿意不愿意到协会来工作。我说我喜欢摄影，随便拍可能没多大意思，但从艺术的角度，我从看了展览后，感到摄影有更深层的意义，会更有作为。所以，我想到摄影家协会来工作。因为内部调动很方便，1991年，我就正式到西藏自治区摄影家协会工作了。到了协会以后，给我挂了个职务——秘书长，就这样，我走上专业摄影工作者的岗位。

记者：到协会工作以后，算是进入摄影圈子了，这个时候，您对摄影有没有更新的认识？

阿旺洛桑：进入协会后，我倒没考虑那么多。当时的主要任务就是学习。从理论到实践，就是一点一点地学。周围都是老师，旺久多吉老师，扎西次登老师，就从光圈、速度的组合开始教我，他们都是活字典，当然我进步也很快。我们协会里面也经常搞一些小型的展览，做一些放大什么的，在这个过程中，有什么不懂的地方我马上就问。这些摄影家老师都会毫无保留地告诉我光圈怎么组合，光线、焦距、景深之间的关系。我自己也买了一些摄影类的书学习，包括《美国纽约摄影学院教程》之类的。进入协会后，也有更多的机会看到更多的图片，我也能更多地看到别人作品的长处。就这样，我从最初的买相机拍着玩，慢慢地进入了状态。

记者：您这一阶段的拍摄以什么题材为主呢？

阿旺洛桑：最初我是什么都拍。比方说下乡，风光要拍，人物要拍，老百姓的生活也拍摄，见到什么就拍什么，就是这样走过来的。

记者：还记得第一次拍摄吗？当时是什么情形？

阿旺洛桑：我第一下乡拍摄是1991年七八月份，当时西藏自治区文联要出一本《西藏艺术》的画册，我们去拍一些壁画、雕塑之类的素材。我们开车去成都，当时车子只能到一个乡里，我们就骑马骑了一天，到了昌都的嘎玛寺，拍了一些壁画和唐卡。

记者：有印象深刻的壁画么？

阿旺洛桑：有一些。在昌都格萨尔王的传说很多，嘎玛寺就有不少壁画和唐卡是反映这一故事的，昌都地区也是格萨尔王版本流传最多和《格萨尔王传》壁画较多的地区之一。强巴林寺第二大活佛谢瓦拉的夏季别墅里有一幅大型彩色壁画《格萨尔凯旋归宴图》；江达县瓦拉寺也有长达几十米的反映格萨尔及其部将征战的大型壁画。

藏族百姓可能缺这个、缺那个，但他们惟独不缺精神

记者：什么时候，您开始有意识地去拍某个场景，或者说，去特别关注某一类东西，并带着思考去拍摄？

阿旺洛桑：这就是进入协会几年以后了，因为协会事务性的工作很多，有的时候，会接待内地来的摄影家、客人。他们到西藏来拍摄，有时候就希望我们能跟着他们一起下去，最起码做一个向导之类的。下去以后除了拍风光以外，很多时候也拍当地的一些老百姓的生活，当你真的用心去感受时，渐渐地，你就会发现我们的藏族百姓很淳朴、伟大。特别是一些牧区的百姓，他们在那样一个艰苦的条件下，世世代代繁衍生息，生活在那里。他们可能缺这个、缺那个，但是他们惟独不缺精神，他们脸上总是露着真诚的笑容。他们的这样一种精神面貌，一直感动着我。然后我去拍他们，有一些作品也获过一些奖，其中就有一个片子叫《雪域人家》，获得西藏珠穆朗玛文学（基金）奖，这个奖是目前西藏文学艺术界最高的一个奖项。

记者：《雪域人家》的创作过程是怎样的？

雪域牧民。林芝 2008年

阿旺洛桑：那是1998年，这幅作品获少数民族自治区摄影艺术联展一等奖。那次我陪《黄金时代》的一位摄影记者去阿里，他是从成都一直开车拍到拉萨的，非常希望我陪他下去。去阿里回来的路上，赶上大雪，在我们的车前面有一辆丰田车，起初我们就跟着前面的车印跑，但雪太大了，前面的车跑得又快，我们跟不上。到后来，车印也被积雪盖住了，我们怕迷路，正好，路边有一牧民的帐篷，帐篷旁边有一土坯房，我敲门的时候，牧民一家正坐在一起，听到敲门声，就出来开门，就在开门的一刹那，我拍了一张。一家人都出来了，门外又下着大雪，这个场景让人感觉很温馨，可惜的是，这张照片几经折腾，我自己都找不到了。

记者：心存感动，您的作品也就更能打动人，那您怎样用镜头表现现在的西藏？

阿旺洛桑：我想还是从最基本的、人民的生活面去关注。我个人感觉，现在的西藏处于这样一种状态，传统的优秀文化摆在这儿，然后现代的文化，现代的科技也在这里相互并存、碰撞。在这么一个阶段，这么一个历史进程中，一定有一些变化的东西和不变的东西，我要用镜头把他们挖掘出来，通过摄影展现出来。所以，一有空的时候，我就会去拉萨的老城区八廓街转转，我要把传统和现代的交融，完完整整地记录下来。

我有责任记录这里的一切

记者：您也拍了一些优秀的风光摄影作品。

阿旺洛桑：西藏自治区的70多个县，除了个别的县以外，我大都去过。这块土地很神奇，有这么多壮美的景观，许多人慕名而来，我身处其中自然有更多的便利。我现在的做法是，风光也拍，民俗的也拍，就算我没有形成风格也好，没有形成自己的东西也好，我觉得该拍的都拍，因为这是一个真实的记录。我知道，北京有许多人专门拍胡同，我专门拍这个题材，也许在这个题材上有些很好的片子，但是作为摄影工作者，你还是应该有更多的积累，虽然有些可能不是很精致，我是这样认为的。

记者：“我能拍什么就拍什么”，因为您是藏族人，这里是您的家乡，这仅仅是一种情结的流露，还是身为一个摄影工作者，这是一种责任呢？

阿旺洛桑：兼而有之吧。首先，我觉得这是摄影工作者的一个责任，现在我来记录普通百姓的生活，现在也许你并不觉得有意思，过个20年再看，你就会有很深的感受了。比方说，现在我们往回头走50年，去找当年人们的片子，常常也不好找。我的意思呢，现在把这些留下来，记录下来，50年以后，我们的后人对现在拍摄的生活会有一个更直观的认识，这就是可以看到的历史吧。

还有一个就是，我生活在这片土地上，对这里的一切都有着更深的感情。我也更有责任，记录他们的喜怒哀乐，记录这里的山水草木，风俗民情。我把这些事情记录下来，50年以后谁看，让他去评，是好是坏，让他们去说。

记者：在这些年的摄影经历中，有没有一些特别深的感触？

阿旺洛桑：摄影有时候也是一个体力活动，特别在高原更明显。体力劳动加上脑力付出，有的时候的确很吃力。但每次拍摄，我都像猎人一样，有猎物自然很兴奋；当然，失落也是难免的。拍不到的时候也想过，搞这么累，跑这么远干什么？但是，一旦拍到自己喜欢的画面，那种兴奋、那种幸福真的是很难用言语表达，一切不快也就很快淡忘了。这就是生活吧。

卓玛小姑娘。那木措 2002年

我刚才说过，我们的老百姓，在那样一个艰苦的地方，生活物资是那样的匮乏，气候条件是那样的恶劣，他们世世代代繁衍在那里，世世代代、子子孙孙在那儿守护着自己的家园。他们没有像跳蚤一样，跳到别的地方去，没有这个想法，他们热爱自己的家乡，热爱自己的故土，他们能在那样的一个环境下生息繁衍，我为什么不去拍他们，我为什么不歌颂他们？所以有机会下基层到牧区拍摄本土题材，我就高兴坏了，我是在用心去按动快门，不是随便的。

最初我们下去拍摄的时候，条件是非常艰苦的，比方说去阿里，那个时候不像现在条件这么好，汽车加个油也很难，需要办公室主任批，报关员批……下去一趟，我们什么帐篷、高压锅、喷灯都带着，就这样，吃饭也是有上顿没下顿的，这都是经常的事。我觉着，这些物质的东西不算什么，摄影就是我的精神寄托，有相机，我就有快乐的源泉。总的来说，这些年的摄影经历，有苦有乐，什么酸甜苦辣也都尝遍了，但快乐总要多一些。

记者：您说过，在西藏搞摄影工作，要想拍好，必须付出太多，这不仅仅是体力的，您在这些年拍摄的经历中，有没有一些难忘的经历，能否具体谈谈。

身穿盛装参加赛马会的藏族青年。林周县 2004年

阿旺洛桑：有的。10年前，我陪广东的林晶华去扎达拍摄，去的时候一切顺利。没想到回来的时候，正赶上扎达百年一遇的水灾。那时候路本来就不好走，都是沿着以前的车印开，没想到连续的大雨把原有的车印淹没了。我们司机就凭着记忆继续往前开。一直来到一条小河边，这时天快黑了，我建议在河边休息，林老师说再往前走走。没想到车子直接就陷到河沟里了，还好水不深，我们冒着大雨，在那里待了两天，才找到两台拖拉机把我们的车拖出来。等车子出来已经是第三天的晚上了，拖拉机又没灯，我就拿着手电筒，在拖拉机上一直照着，还好出事的地方离扎达县城不远，即使这样，也折腾了一晚上才回到县城。搞摄影就是这样，特别是西藏，外出采访，有时候难免出现这样的小插曲。

记者：因为工作的原因，您和西藏本土的一些摄影人打交道比较多，像现在和您同龄的，或者是年轻一点的摄影人，这个摄影群体的现状，您给我们介绍一下。

阿旺洛桑：西藏自治区摄影家协会现在应该有200多名会员，拉萨市有四五十个，其中骨干有二三十个。在目前的摄影群里面，有很多还是拍得不错的，技术很过硬，也有想法，但是有些包括我这样的，怎么说呢，不会包装自己，不会宣传自己。我们有很多摄影者，他拍得好，但从不说我自己怎么怎么好。

记者：您和内地许多摄影师也有过接触，有没有从他们的作品中得到什么启示？

阿旺洛桑：接触的多了，的确是很有收获。很多来西藏的摄影家器材设备都非常棒，让人

禽鸟的天堂。

好生羡慕，像大画幅相机之类的，自己都是有机会就摸一下，研究研究，还有就是我会留意他们的视角，有时间也和他们交流，时间长了，自己的想法也多了。但我觉着，像我们土生土长的本土人拍西藏，还是要坚持自己的理解，记录那些平时不太为人关注的细节，当您认真去品读时，会有很多感人的细节。

记者：您拍摄这么多年，最大的感受是什么？

阿旺洛桑：西藏的变化太大了。举个简单的例子，我刚从林芝地区回来，以前，从林芝到拉萨要两天，现在5个小时就可以了，这个变化是我们以前很难想像的。再比如我们牧区农民的生活，居住条件，都和以前没法比，这个变化是实实在在的，我们要努力的，就是见证这个变化的过程，享受这个过程。

总体来说，比过去有了很大的进步。以前，老百姓是根本不可能玩照相机的，因为没有这个经济条件；现在不同了，几乎家家户户都有相机，数码相机。

从全国的角度来说，西藏是一个摄影的天堂，玩摄影的，喜欢摄影的都想到西藏来。我们在这里的摄影人，更应该用自己的智慧好好地拍摄西藏自治区，无论有什么困难，都应该把西藏的风土人情、民俗，包括现在的这些变化和成就，人民生活发生的变化都记录下来。我相信，西藏自治区摄影会随着西藏的不断向前发展，迎来更好、更灿烂的明天。

江孜白居寺。

晒佛。日喀则 2002年

转场。 2005年

神秘的古格。阿里 2001年

以我之愚见，摄影让我激动，并促使我投之奋斗。祝愿中国摄影史中，为中国的摄影涂上一笔光彩。

[illegible] 2009.5.29

歷史影像記錄

[illegible] 二〇〇九年六月十四日

摄影艺术，是纪实艺术，瞬间艺术，它最真实地纪录了历史，将永久万代留给后人。

[illegible] 2009.5.27

摄影要倾注心血
饱含真诚

镜头留下了历史的足迹
让我们温故知新
让我们看到
祖国和变的艰辛
人民前进的变化
让我们不要忘记昨天
一步一个脚印走向明天

[illegible] 09.6.23.

摄影需要发展和创新

祝年青的摄友们好

[illegible] 二〇〇九.[illegible]

藏民族摄影是中華民族文化光辉灿烂的组成部份。

劉鉄生
2009.建军节

祝老一辈摄影家健康长寿
祝西藏摄影走向世界。

[illegible]
2009.6.4.

摄影的真谛在于发现

每当我拿起相机用心灵按动快门时我是最快乐的。

[illegible]
[illegible]
2009.6.3

按快门的瞬间，是最让摄影人激动心跳的时刻，也是最让摄影人开心快乐的时刻。

西藏摄影人 扎西次登
2009.8.18于拉萨

摄影，让我对生活充满激情

李刚
壹九八二年

雪域高原行

天覆地的变化，使我毕生难忘。我曾有幸目击了它的沧桑变迁，受到藏族父老的热情关爱与哺育。

陈宗烈
2009.6.15.

西藏：

"我的第二故乡！"

吴机东
2009.6.16.

蔺能克

参加人民解放军是我的幸运。但我认为更幸运的是我是第一个随进藏先遣队进藏的摄影记者，不但是第一位军队里的记者。所以我并引以为自豪。

时光流逝。我盼看我们国家的摄影事业迈步向上永远向前进。

许必华
2009.8.19

影像口述历史
丛书①

编辑后记

西藏，那是一片神奇的土地，引无数人魂牵梦萦；

西藏，那是心中摄影的天堂，留无尽的人情景象。

2009年是新中国60华诞的盛典，又逢西藏民主改革50周年纪念。伴随着共和国的成长与繁荣，西藏这一片高原胜地，也经历了自己独特的发展之路。摄影，秉承“为时代写真，为历史作传”的使命，为我们留存了西藏不同时期社会、经济、文化、宗教等方面变化的足迹，展现了藏民族独特多彩的生活景象。

《跨越时空——西藏影像往事》，收录了14位摄影家在近60年的时间里观看西藏的影像与拍摄经历。他们中有土生土长关注家乡的藏族摄影家，有解放初期最早进入西藏的摄影家，也有改革开放后一直拍摄西藏的摄影家……透过他们的讲述，我们不仅被一段段生动的故事所打动，更为摄影家们对这片土地的挚爱所感染。那些或质朴或生动、或凝重或壮美的影像，带着我们回眸历史的长河，去感受西藏人文地理的斗转星移。

由于历史条件的限制，一些久远的影像已难寻踪迹；由于采访时空的局限，一些优秀的摄影家也可能还落在我们的视野之外。我们期待借助《跨越时空》这本图书，让更多的人关注西藏、热爱西藏，使这些遗憾在今后的某一时间或待某一契机得以弥补。

《跨越时空——西藏影像往事》，作为“口述影像历史”丛书的一个分册，在保持“口述方式、亲身经历、影像集结”的特点之外，更注重主题的确立——即以西藏这一地域作为空间范围，以60年跨度作为时间脉络，在有限的空间中延伸出时间的轨迹，去展现西藏的变迁、去展现西藏的多姿。如此“时空交错”的思路，或许有助于“口述影像历史”丛书的编辑工作，能够从更加灵活的角度，切入新中国摄影涵盖的方方面面，挖掘出更多独特鲜活的文本，汇聚成新中国摄影史研究取之可用的资源。

感谢所有关心、支持、帮助完成这部独特摄影史丛书的志士，因为在这“功德无量”的富有开创意义的“口述”史的工程之中，闪耀着大家智慧与仁爱的光彩。

2009年9月 北京

图书在版编目（CIP）数据

跨越时空：西藏影像往事／中国摄影家协会编．—北京：中国摄影出版社，2009.9
ISBN 978-7-80236-371-7

Ⅰ．跨… Ⅱ．中… Ⅲ．社会主义建设－成就－西藏－画册 Ⅳ．D619.75-64

中国版本图书馆CIP数据核字（2009）第165634号

书　　名：《跨越时空》——西藏影像往事
主　　编：高　琴
副 主 编：赵迎新
责任编辑：刘　清　杨小华　张　宇
编　　务：高　初　杨　静　李亚坤　徐雪莉　张　健
终　　校：罗庆朴
藏文题名：乌金群培
装帧设计：杜红霞

出　　品：中国摄影家协会
出　　版：中国摄影出版社
地　　址：北京东单红星胡同61号　邮编：100005
发 行 部：010-65136125　65280977
网　　址：www.cpphbook.com
邮　　箱：office@cpphbook.com
印　　刷：北京华联印刷有限公司
开　　本：787×1092　1/16
印　　张：22.5
字　　数：16.8千字
版　　次：2009年9月第 1 版
印　　次：2009年9月第 1 次印刷
印　　数：3000册
I S B N　978-7-80236-371-7
定　　价：168.00元